YEDİVEREN
Okuma alışkanlığınız...

YEDİVEREN

Seni Anlıyorum Çocuk

Dilek Cesur

Tür: Aile-Çocuk Eğitimi

© 2024, Yediveren Yayınları

Bu kitabın her türlü basım hakkı,
anlaşmalı olarak Yediveren Yayınları'na aittir.
Kaynak gösterilip alıntı yapılabilir.
İzinsiz hiçbir yolla çoğaltılamaz.

Yayın Yönetmeni: Gökhan Alperen Bayrak
Editör: Büşra Gülbent
Kapak Tasarım: Yiğit Recep Efe
İç Tasarım: Burhan Maden

1. Baskı: Ekim 2018
35. Baskı: Aralık 2024
ISBN: 978-605-269-038-3
Sertifika No: 40142

Matbaa: Çalış Ofset
Davutpaşa Cad. Yılanlı Ayazma Sk. No: 8
Davutpaşa - Topkapı / İstanbul
Tel: 0212 482 11 04
Sertifika No: 45159

Yediveren Yayınları Eğitim Hiz. Tic. Ltd. Şti.
Ticaret Sicil No: 893116
Maslak Mahallesi 55. Sokak 42 Maslak Sitesi No:4
Sarıyer / İstanbul
Tel: +90 212 506 13 84-85
www.yediveren.com.tr   info@yediveren.com.tr

DİLEK CESUR

Seni Anlıyorum Çocuk

YEDİVEREN

İçindekiler

Önsöz

Bir gün mutfakta bulaşık yıkıyordum. Oğlum anlamadığım bir sebepten dolayı sırt kemiğime kafa attı. Neden vurdun şimdi, diye sordum. Canım inanılmaz acımıştı. Canım istedi, dedi. Ben evimde insanların canını bilerek acıtan bir çocuk istemiyorum, dedim. Oğlum odasına gitti ve benimle uzun bir süre konuşmadı. Küçük oğlum ile birlikte onun odasına giderek onunla konuşmak ve havayı yumuşatmak istedim. "Yapmış olduğun hatayı anladıysan konuşalım mı?" dedim. Ama sen beni istemiyorsun, dedi ve ağlamaya başladı. Ben sana, seni istemiyorum demedim. İnsanların canını bilerek acıtan bir çocuk istemiyorum, dedim. Yerde oturuyordum; o an yanıma geldi. Gömleğimin iki yakasından tuttu: "beni istemeyecektin madem neden doğurdun o zaman" dedi. Beynimden vurulmuşa döndüm. Küçücük yüreği ona söylediklerimi kaldıramadı ve yakamı tutarak bana hesap sordu. O an yeniden anladım ki benim yavrum sadece bir çocuk değil; o kocaman bir yüreği olan dev bir adam. İşte bu olaydan sonra bu kitabı yazmaya karar verdim. Çocuklarımızın sadece bir çocuk olmadığını, bize göre basit bir cümlenin yada hareketin onlar için ne kadar önemli olduğunu sizlere de anlatmak istedim.

Allah her anne ve babaya evladına hayırlı bir aile olmayı nasip etsin. Hayırlı bir anne ve baba olmaya çalıştığınız bu yolculukta da bu kitap size iyi bir rehber olsun.

Teşekkürler

Bu kitabı yazmamda bana ilham kaynağı olan canım
yavrularım; Kerem Cesur ve Yiğit Ali Cesur'a,

Yapmış olduğum çalışmalarda bana her zaman destek
olan sevgili eşim; Abdurrahman Cesur'a,

Varlıklarına her zaman şükrettiğim;
anneme, babama ve ağabeylerime,

Destek verip benimle tecrübelerini paylaşan
dostlarıma,

Mutlaka yazmalısın ve ailelere ışık olmalısın diyerek
beni yüreklendiren sevgili büyüğüm; Alişan Kapaklıkaya'ya,

*Sınırlarımı belirlerken dikkat et, senin şimdi
belirleyeceğin sınırlar gelecekte benim hayallerimin,
zekâmın, kişiliğimin sınırı olacaktır...*

Sen Ellerimin Değdiği
En Güzel Şeysin

Sen doğdun çocuk, tenin tenime değdi.
İçimi titretti sıcaklığın.
Yüreğim yandı, gözlerin gözlerime değdiği an,
Seni dünyaya ben getirdim.
Benimdin, canımdın, kanımdın, yavrumdun.
Sıfatların en güzeli seninle kondu bana.
Ne kadar güzel bir namım oldu.
ANNE... ANNE... ANNE...
Anneydim artık.
Kucağıma aldığım an seni,
Nedense yüreğimi bir korku kapladı.
Seni koruyamamaktan korktum.
Kaderinden korktum.
Seni neler bekliyordu?

Belirsizlikten korktum.

İçimi hem bu kadar mutluluk, hem acı,

Nasıl sardı böyle çocuk.

Senin adın neydi?

EVLAT MI?

Kokun neydi öyle?

CENNET Mİ?

Ya bakışların, yaşattığın huzurun adı neydi?

ANNELİK Mİ?

Ana, baba, eş, kardeş sevgisi neymiş evlat

Senin sevginin yanında?

Ben hiçbir şeyden korkmadım,

Seni koruyamamaktan korktuğum kadar.

Ben ölmekten hiç korkmazdım evlat,

Seni kucağıma alıncaya kadar.

Ya dedim, bana bir şey olursa

Kim sarar, kim kollar seni ben kadar?

Bir evladın babasına güvenmez mi insan?

Ama ben babana bile güvenemezdim evlat.

Seni büyütmeliydim.

İlk adımlarını attığında elini ben tutmalıydım.

Okula seni ilk ben götürmeliydim.

Okul heyecanını ilk ben yaşamalıydım.

İlk sevgilini bana anlatmalıydın.

Diplomanı alıp

Havaya ellerimizi ilk birlikte kaldırmalıydık.

Yalvardım Allah'a beni onun için yaşat.

Seni kendime bile emanet etmekten korkarım ben.

Nasıl bir duyguydu annelik?

Beş dakika önce kucağına verilen biri için

Kaygılanır mı insan bu kadar?

Bunları düşünürken gözlerimin içine baktın ve güldün.

Neydi o gülüş...

ÖMÜR MÜ?

Parmağımı yakaladın havada.

SEN ELLERİME VE YÜREĞİME DEĞEN EN GÜZEL ŞEY-DİN.

Saatlerce böyle göz göze kalabilirdim.

Ayıramadım gözlerimi senden.

Zaman dursun istedim.

Ve uyudun çocuk,

Ver annesi uyudu dediler, istemedim.

Huzurumdun veremezdim.

Bırakın, dedim.

Ben annelik gibi yüce bir mertebedeyim.

Sarıldım sana evlat.

Kokladım, öptüm.

Sahi neredeydin sen?

Hep derlerdi inanmazdım.

"Kucağına bir al

Keşke daha önce olsaydı diyeceksin."

Sahi ne vardı senden önce?

Sanki yeni doğmuş gibi değil,

Benimle doğmuş gibiydin.

Sen iyi ki doğdun evlat.

Bütün varoluşların sebebi,

Sensin artık evlat.

Hoş geldin.

Gönlüme, ömrüme, evimize hoş geldin.

EVLAT...

Ben bu şiiri, çocuğumu kucağıma ilk aldığım gün yazmıştım. Gece herkes uyumuştu. Saatlerce baktım ona. Bir mucizeydi o. Hayatımın en kaygılı ve en mutlu gecesiydi. Hem iyi ki doğdu diyordum ama koruyup kollayabilecek miyim diye de korkuyordum. Sonra kendime dedim ki, evladını gözünden sakın ama bir ömür gönlünden, sevginden, şefkatinden, sabrından sakınma... Onu her daim sevgi ile kucakla. İşte o zaman hem korursun hem kollarsın. Gelecek, bize ne getirir, şimdi bilemem. Ama ona güzel bir gelecek hazırlamak, benim yüreğimde, ona beslediğim sevgide... Asla bir çocuk olduğunu unutmayacağım. Merakını asla törpülemeyeceğim. Seni, olduğun gibi kabul edeceğim. Sabırla büyüteceğim seni. Ve sen bir gün büyüdüğünde geri dönüp baktığında sana güzel bir çocukluk miras bırakacağım. Nefes aldığım sürece senin hep gölgen olacağım. Hadi bakalım, başlasın annelik macerası. Dilek, göreyim seni kızım. Sen güzel bir anne olabilirsin. KORKMA!

HOŞ GELDİN ANNELİK...

Çocuk Deyip
Geçmeyin Sakın!

Ç ocuğunuzu ilk kucağınıza aldığınız anı hatırlıyor musunuz? Ne kadar kaygılı, korkak, acemi, ne yapacağını bilmeyen aynı zamanda da ne kadar mutluydunuz. Kucağıma aldığım hiçbir şey, beni çocuklarım kadar hem korkutup hem de mutlu etmedi. İki evladımı da kucağıma aldığımda aklımdan geçen ilk şey onlara sonsuz sevgi ve saygıyı aşılama düşüncesi oldu. Birçoğumuz psikolojik ve fiziksel şiddetin normal karşılandığı bir dönemde büyüdük.

Ben ailenin en küçük bireyi ve tek kız olma özelliği ile her ne kadar el üstünde tutularak büyütülsem de yine de yanlış anne ve baba tutumlarına maruz kaldım. Annem, babam, ağabeylerim inanıyorum beni çok seviyorlar. Eminim her anne baba da evladını çok sever. Ama şunu görüyorum: Doğduğu ilk günler pamuklara sardığınız, gözünüzden sakındığınız evlatlarınıza zaman geçtikçe, onlar büyüyüp sizin sabrınızı zorladıkça aynı hassasiyetiniz devam etmeyip kayboluyor. Hoyratça kullanmaya başlıyoruz çocuklarımızı. Üzülür mü, kırılır mı hiç düşünmüyoruz. Peki, ne değişti? Üç aylık bebeğinizle üç yaşındaki çocuğunuzun arasındaki fark ne acaba? İkisi de senin evladın değil mi? Üstelik üç yaşındaki çocuğun senin ona karşı olan tutum ve davranışlarına göre gelecekte nasıl bir insan olacağının temellerini atıyor.

Ben on sekiz ay arayla iki evlat sahibi oldum. Benim durumumda olan insanlar çok iyi bilirler bu durumun zorluğunu. Üstelik bir de çalışıyorsanız işler daha çekilmez bir hâl alıyor. Ama kendime hep şunu dedim: Onlar senin canların, evlatların. Çocuklarım, her çocuk gibi mutlu bir anne ve babayı hak ediyor. Bu hayatta başıma gelen hiçbir zorluğun, kötülüğün, hayal kırıklığının, üzüntünün sebebi onlar değil. Onların tek ihtiyacı sevilmek ve saygı görmektir. Gelecekte nasıl bir insan olacağımız, çocukluğumuzda ne kadar değer görüp sevildiğimizle alakalıdır.

BU YÜZDEN ÇOCUK DEYİP GEÇMEYİN SAKIN...

Asla unutmazlar yaşadıkları tüm güzellikleri ve kötülükleri... Belki bir resim olarak hatırlamazlar ama ruhlarında, beyinlerinde, kalplerinde küçük bir zerre olarak mutlaka izini taşırlar. Yetişkinlikte yaşadığımız birçok olumsuzluk, başarısızlık, güven sorunu, sevgisizlik, umutsuzluk, olaylarla baş edememe, gereğinden fazla duygusal davranma, sinirli ve öfkeli olma, hayata tutunamama ve sağlıklı ilişkiler kurup devam ettirememe, hangi şartlarda olursa olsun mutlu olamamak hepsi çocukluğumuzdan bize miras kalan olumsuz anne ve baba tutumlarından kaynaklanıyor. Bizler sadece bir çocuk yetiştirmiyoruz. Onların gelecekte nasıl bir birey olacaklarını da belirliyoruz. Çocukluklarımızın yüreklerine ektiğimiz tohumlar, onların gelecekteki kişiliklerini belirleyen kocaman bir ağaç oluyor. *NE EKERSENİZ ONU BİÇERSİNİZ*, bunu asla unutmayın. Bunun bilincinde olup ona göre bir anne baba tutumu belirlemeliyiz.

Önceliğimiz hayat mücadelemiz değil, çocuklarımız olmalı. Nerede, nasıl davrandığımıza, olaylara verdiğimiz tepkilere çok dikkat etmeliyiz. Onlar hayatlarının her döneminde bizi model görüp büyüyecekler ve aldıkları model doğrultusunda hareket edeceklerdir. Sevmek kadar güzel ve yüce bir duygu var mı? Sevginin, saygının çözemediği bir sorun olabilir mi? Yüreğine sevgi tohumları ekilen çocukla ekilmeyen çocuk hiç bir olur mu?

Ben bu kitabı yazmaya karar vermeden önce insanlara hep bunları anlatmaya çalıştım. Yıllar içerisinde birçok anne ve baba ile tanıştım. Hepsinin kendine özgü hikâyeleri vardı. Ama bu hikâyelerin tek mağduru vardı, o da çocuklardı. Belki kendi çocukluğumuzu geri çevirip bize yapılan hataları düzeltemeyiz ama kendi çocuklarımızın çocukluklarını mümkün olduğu kadar sorunsuz geçirmelerine olanak sağlayabiliriz. Düşünmeden söylediğimiz sözleri, yaptığımız hareketleri bir daha düşünüp kendimiz ve çocuklarımız için çok daha isabetli kararlar alabiliriz.

Benim çocuklarla ilgili en büyük tecrübelerim öğrencilerim ile oldu. Sonra da kendi evlatlarım... Hepsiyle başladığım yolculukta birçok şey yaşadım ve gördüm. Hem bir eğitimci hem de bir anne olarak yaşadığım olayları sizlerle paylaşmak istedim. Olayları bir de onların bakış açısıyla değerlendirmeye çalıştım. Bunları sizinle de paylaşarak bir farkındalık uyandırmak tek isteğim. Umarım bu kitabı okuyup bitirdikten sonra çocuklarınıza ve onların duygularına bakış açınız değişmiş olacaktır.

Hayat hepimiz için zorlu bir sınav. Bazen keskin virajlardan bazen düz yollardan geçiyoruz. Biliyorum kimsenin hayatı güllük gülistanlık değil. Fakat bakış açımızı değiştirerek hayatımıza farklı şekilde yön verebiliriz. Bir gün her şeyin sona ereceği bir dünya hayatında yaşıyoruz. Aslında kavgamızın hiçbir önemi yok. Önemli olan bu kavga ve gürültü içinde acaba bugünümü dünden nasıl daha mutlu geçirebilirim düşüncesiyle hareket etmek ve mutlu olmaktan asla vazgeçmemektir. Hayatta karşılaştığımız her olumsuz olay, aslında bizim eksik yanlarımızı tamamlamak için önümüze sunulmuş bir nimettir. Bu tamamen olayları nasıl değerlendirdiğimizle alakalıdır. Başımıza gelen güzel şeylerde *"Ben bu güzelliği, bu mutluluğu neden hak ettim?"* diye sormuyorsak, yaşadığımız olumsuzluklarda da *"Neden bu benim başıma geldi?"* diye sormamalıyız. Bunun altında yatan diğer güzelliklere ve bize kazandırdığı tecrübelere odaklanmalıyız. İnanın o an her şeye bakış açınız çok değişecektir. Sizler bu yeni bakış açınızla çok daha mutlu birer birey olarak sevgiyle evlatlarınızı büyütebilirsiniz.

Çocuğa dünyaya gelirken kendi anne ve babasını seçme konusundaki kararı sorulmuyor ama siz karar vererek dünyaya bir çocuk getiriyorsunuz. Başkalarının ana babalarına imrenen bir evladınız mı olsun isterdiniz yoksa *"İyi ki siz benim ailem olmuşsunuz, ben ne kadar şanslı bir çocuğum"* diyen bir evladınız mı?

KARAR SİZİN...

İzin Ver Anne

Düşmeme izin ver anne ve düştüğüm zaman kalkmama,

Hayatım boyunca düştüğüm zaman

Yanımda senin gibi bir melek olmayabilir.

Sen müsaade et ki ben kalkmayı öğreneyim,

Ve her kalktığımda vazgeçmeden yürümem gerektiğini.

Hata yapmama izin ver anne.

Yaptığım hatayı anlayabilmeme

Ve anladığımda düzeltmeme.

Denemeden bilemem neyin doğru ve yanlış olduğunu.

Beni hatalarımdan dolayı suçlama anne.

Suçlama ki her hata yaptığımda

Kendimi çaresiz çözümsüz dip kuyularda bulmayayım.

Evindeki eşyalarla oynamama izin ver anne.

İzin ver ki eşyalarından daha değersiz olduğumu hissetmeyeyim.

Keşfetmeme izin ver anne.

Zihnim sen gibi çalışmaz benim.

Dokunmam, görmem, duymam gerek.

Bazen de kırıp dökmem.

İçimde bitmeyen enerjiden dolayı beni suçlama anne.

Ben saksıda yetiştirdiğin çiçek,

Bahçeye ektiğin ağaç değilim.

Su ve güneş yeterli olmaz büyümeme.

Sevgi, sabır, zaman ve emek gerek...

Kendim gibi davranmama izin ver anne.

Beni kimseyle kıyaslama.

Kıyaslama ki başkaları gibi olmaya çalışıp

Kendi kimliğimi kaybetmeyeyim.

Bazen yaramazlık yapmama izin ver anne.

Bana vitrine kaldırdığın biblo gibi davranma.

Gelişmekte olduğum için hep sakarım.

Bedenimi senin kadar iyi kontrol edemem.

Belki çocuğum ama ben de bireyim anne.

Senin gibi duygularım var benim de.

Çocuk deyip geçme sakın!

Aklım sizin kadar yetmez belki ama

Yine de anlarım.

Üzüldüğünü, sevindiğini, öfkeni, kavganı, hırsını, mutluluğu-
nu...

Ve sen üzülünce en çok ben üzülürüm anne.

Bana hiç kızma demiyorum.

Ama yüreğimde derin izler bırakacak yaralar açma anne.

Bana bağırdığında en çok o koca cüssenden

Ve bana uzattığın elden korkuyorum.

Kendimi ifade etmeme izin ver anne.

Sürekli sus diyerek duygularıma ket vurma.

Ben senin gibi nerede, ne zaman konuşulur bilemem.

Gereğinden fazla konuştuğum ya da lafınızı böldüğüm za-
man,

Yeter ne çok konuştun

Lafımızı bölme diye bağırmak yerine,

Beni biraz dinleyip anlamaya çalış anne.

Nerede ne şekilde konuşmam gerektiğini,

Bana sürekli anlatırsan,

Hemen değil ama zamanla anlarım anne.

Konuşabilmemize izin ver anne,

Anlattığın zaman anlayabilirim seni.

Belki zaman alır ama

YÜREĞİMDE AÇTIĞIN YARALARI KAPATMAYA ÇALIŞ-
TIĞIMDAN,

Daha az bir zaman...

İncinmeme, kırılmama, üzülmeme, ağlamama izin ver anne.

Hayat yalnız sen, ben ve babam değilse eğer,

Sen, bana sadece rehber ol anne.

Düştüğümde kalkmayı,

Hata yaptığımda düzeltmeyi,

Kırdığımda özür dilemeyi,

Bozduğumda onarmayı göster anne.

Beni koruyup kollaman

Benim için şu an çok önemli.

Ama beni koruyup kollarken

REHBERİM olman geleceğim için daha önemli...

Seni Çok Seviyorum ANNE...

"Ben Dünyaya Nasıl Geldim?"

İşte benim en sevdiğim soru...

Anneler, babalar böyle bir kalırlar ne diyeceklerini bilemezler. Kemmm kümmmm. Öyle mi desem böyle mi desem? Hemen araştırmalar başlar internetten. Kim nasıl açıklamış incelenir ya da duymazdan gelinir en kötüsü de şehir efsaneleri yazılır. Aslında şimdiki aileler daha bilinçliler bu konuda. Biz yıllarca leylekler tarafından getirildiğimize inandık ama şimdiki çocuklara bu soruyu sorunca annemin karnından geldim diyor. En azından nerden geldiklerini biliyorlar. Önceden bu sorunun sorulması bile çok ayıptı.

"Sus öyle sorular sorulmaz!" deyip çocuklar susturuldu. Ya da cami avlusundan aldık, leylekler getirdi, hastaneden aldık, sütçü getirdi gibi çocukların beyin devrelerini yakan çılgınca cevaplar verilirdi. Artık bu sorunun ayıp olma durumu ortadan kalktı diye düşünüyorum.

Annem ve babam ben doğmadan abilerimin sünnet törenlerini yapmışlar. Hatırlıyorum hep sorardım anneme:

– Ben neredeyim?

– Neden resimlerde ben yokum?

Annem de hep bana:

– Biz seni düğünde kaybolma diye dolaba sakladık, derdi.

Allah'ımmm ne kadar sinir olurdum. Nasıl hırslanırdım. Hatta hatırlıyorum beni dolaba sakladılar diye sünnet fotoğraflarını gizli gizli yırtıyordum. Yahu desene kadın bana, sen daha portakal ağacında bir vitamindin, ben daha bu portakalı yememiştim, sen de doğmamıştın. Ben de böyle psikopata bağlamayayım değil mi? Yıllarca bilendim resmen hepsine ve hiç unutmadım bu olayı. Sonra anladım tabii büyüdükçe dolaba saklanmadığımı ve portakal ağacında bir vitamin olmadığımı.

Ve yıllar sonra annemin pozisyonuna düşen biz. Kerem düğün fotoğraflarımızda neden olmadığını merak eder ve babasına sorar:

– Baba ben resimlerde nerdeydim?

– Sen daha yoktun, yani daha doğmamıştın.

– Peki, ben nasıl doğdum baba?

Baba bir kalır tabii ve politik bir cevapla Kerem'i bana havale eder.

– Anne, babama ben nasıl doğdum diye sordum, o da seni annen doğurdu, o daha iyi bilir diyerek sana sormamı istedi. Anne, ben nasıl doğdum, dedi kuzucuk.

Şimdi bu çocuğa nasıl anlatmalı da kafasında hiç soru işareti kalmamalı diye bir süre düşündüm. Aslında hazırlıklıydım da ama yine de bu soru ile karşı karşıya kalınca bir tereddüt ediyor ve bir daha düşünüyor insan. İnsanlara şöyle anlatın böyle anlatın demek kolay tabii. Hadi bakalım sıra bende, anlat bakalım kızım Dilek. Bakalım insanlara ahkâm kesmek kadar kolay mı?

"Evettt. Gel bakalım. Şimdi sana birkaç resim göstereceğim" diyerek yanıma oturttum. Babası ile sevgililik döneminden başlayarak nişandı, düğündü, hamilelikti, doğum öncesi ve sonrası, onun ilk doğduğu anlar, sonra bebekliği bütün resimleri göstererek anlatmaya başladım.

– Biz babanla çok eskiden tanıştık, birbirimizi çok sevdik, arkadaş olduk. Sonra nişanlandık, evlendik, aynı evde yaşamaya başladık sonra bir bebeğimiz olsun istedik. Hani Kerem, böyle toprağa tohum ekersin, su verirsin, o zamanla büyür. Sonra kocaman bir ağaç olur ya (onunla daha önce bu konuları konuşup bir fasulye ekmiştik), sen de benim karnıma ekilmiş bir tohumdun. Önce ben yemek yedim, süt içtim, meyve yedim ve ben yedikçe sen karnımda beslendin. Bebek oldun, sonra da karnımı küçücük kesip seni oradan çıkardılar, dedim.

– Aaaa! Evet, anne anladım. Ne kadar güzel, demek ben senin karnından geldim.

Sonra biraz bebekliğindeki resimlere baktık, biraz doğum sonrası neler oldu onları konuştuk. Tam o arada,

– Anne bir şey sorabilir miyim, dedi.

– Sorabilirsin tabii Keremciğim.

– Peki o tohumu senin karnına kim ekti, demez mi?

İşte o an bütün beyin devrelerim yandı. Bu soruyu soracağını hiç tahmin etmedim. Yani o an için hiç düşünmedim bunu tabii ki, yoksa onu da planlamaz mıyım? Sonra yine anlatmaya başladım.

– Kerem, hiçbir şey kendi kendine olmaz, yemek yapmak için bir anne veya baba lazım, araba sürmek için şoför lazım, ev yaparken usta lazım, bak senin legoların kendi kendine kule oluyor mu? Bak kule yapmak için bir çocuk lazım. İşte insanlar da kendi kendine olmamıştır onları oluşturmak için de bir şey lazım değil mi, dedim. Başını sallayarak,

– Evet anne, dedi.

– İşte insanları yaratan da bir varlık var ve biz o varlığa *Allah* diyoruz. Biz babanla birbirimizi çok sevdiğimiz ve çocuk sahibi olmak istediğimiz için biz de seni Allah'tan istedik. Sonra sen de benim karnımda toprağa ekilmiş bir tohum gibi büyümeye başladın, sonra da doğdun.

– Gerçekten mi anne? Allah nerede peki, dedi tabi bu sefer.

– Allah her yerde Kerem, biz onu göremeyiz o bizi görür. Bir şey istediğimiz zaman biz ondan isteriz mesela. Ben seni istedim o da seni bana verdi, dedim.

Kerem'in o an varlığının oluşum aşaması kafasında oturdu, tabii ilk defa tanıştığı Allah kavramı da biraz kafasını karıştırdı. Sonra ilerleyen günlerde bunu da aştık ama.

Artık küçük yavrum dünyaya nasıl geldiğini öğrenmişti bence. Kafası da çok karışmamış, bir şeyleri netleştirmişti. Tabii bunu süreç içinde gözlemleyebildim. Hamile bir kadın gördüğünde önce biraz utanıyor. Sonra bana gösterip:

– Bak, anne karnında bebek büyüyor, diyor.

Bir daha da bana hiç böyle bir soru sormadı. Şükür olayı kazasız belasız, kafa bulandırmadan atlattık. Darısı sizlerin başına... Her aklı olan canlı, varlığının oluşumunu merak eder. Sorar, sorgular. Ben böyle bir yolla cevap verdim ve kalbim buna ikna oldu. Bunlar sadece benim fikirlerim. Belki sizler çok daha iyi veya farklı yöntemlerle de anlatmış olabilirsiniz. Ne şekilde anlatırsanız anlatın mutlaka önce dürüst olun, şehir efsanelerini lütfen anlatmayın, camiden ya da hastaneden alındığını düşünen çocuk eminim kendini değersiz hisseder. Ona bunun çok özel ve önemli olduğunu mutlaka hissettirin.

"Eyvah! Bir Kardeşim Oldu"

Bir gün babam yanında bir kadınla eve geldi. Arkadaşının eşi olduğunu, bir müddet misafir edeceğimizi, anneme bu kadınla çok iyi geçinmesini ve gerektiğinde de mutfağını, kıyafetlerini, eşyalarını paylaşmasını söyledi. Aman Allah'ım! Annemin gözlerinin içinden kıvılcım çıkıyordu. Nereden çıkmıştı bu kadın? Yıllardır evinin sultanı olmuştu, kocası gözünün içine bakıyordu, bir dediği iki olmuyordu, şimdi çıkmış eve bir kadın getirmiş, hem iyi anlaşmalısın ve her şeyini paylaşmalısın, diyor. Hem de bunları onun bu konu ile ilgili fikrini almadan yapıyor.

Siz annemin yerinde olsaydınız ne yapardınız? Şimdi bunu düşünün ve yüksek sesle cevap verin lütfen. En sevdiğiniz insanları, en sevdiğiniz eşyaları size rakip olacağını düşündüğünüz insanlarla paylaşma düşüncesi ne kadar zor geliyor insana değil mi? Bir yetişkin olarak bile bu psikoloji ile mücadele etmek gerçekten çok zor. Tam bir *KUMA PSİKOLOJİSİ* değil mi? İşte kardeş kıskançlığı da tam böyle bir şey bana göre.

Bu arada tabii ki babam eve öyle bir kadın getirmedi. Zaten böyle bir durumda annem, babamı ve o kadını terlik ile kovalardı. Sadece sizlerin, çocuklarınız ile biraz empati kurmanızı istedim. Bence ilk çocuktan sonra eve gelen her çocuk diğerine *"KUMA PSİKOLOJİSİ"*ni yaşatıyor. Yukarıdaki benzetmede olduğu gibi düşünsenize evde kendi imparatorluğunuzu kurmuşsunuz, hoooppp bu imparatorluğa bir veliaht gelmiş, üstelik sizin bütün forsunuzu söndürmüş. Ne yapmasını bekliyorsunuz, kardeşini pamuklara saracak değil ya. Tabii ki tepki gösterecek hemen kabullenemeyecek, isyan edecek, dikkatinizi çekmek için bu zamana kadar onda hiç görmediğiniz davranışları gösterecek hatta belki de eve gelen o bireyi içgüdüsel olarak yok etmek bile isteyecektir.

Biz, abimin oğlu Musap Enes'i, kardeşi uyurken kardeşinin suratına kaç kere yastık kapattığını gördük. Çünkü onun da yaşı çok küçüktü ve eve gelen bu varlığa bir türlü yer bulamıyordu yüreğinde. Üstelik bu kuma, onun konforunu ve mevcut düzenini bozuyor. Eğer küçükse eve gelen yeni bireyi anlamlandırmak daha zor oluyor elbet. Ama bunları anlayacak kadar yaşı büyükse yaşadığı eve yeni gelen kardeşten doğacak olumsuzluklardan daha çok etkilenecektir.

Benim de iki oğlum var ve ikisinin arası tam on sekiz ay. Bütün samimiyetimle söylüyorum biz kardeş kıskançlığını minimum seviyede yaşadık. Çünkü elimden geldiği kadar ikisine de çok değerli olduklarını hissettirmeye çalıştım ve büyük oğlumun düzenini bozacak ve onu rahatsız edecek bütün değişikliklerden kaçındım. Küçük oğlumu eve getirirken Kerem'in ne tepki vereceğini çok merak ediyordum aslında. O da bebekti çünkü ve daha bir buçuk yaşındaydı. Aynı zamanda eşimin ailesinin ilk torunu olması sebebiyle tam bir prens muamelesi görüyordu. Ve o büyük buluşma... Yiğit'le eve girdik, bütün gözler Kerem'in üzerinde. Kerem önce geldi bir beşiğe baktı, sonra gitti bir daha geldi baktı, birkaç tur böyle gitti geldi, gitti geldi sonra:

- Ah! Anni vey vey, dedi.

Aldım Yiğit'i beşikten, Kerem'i de yanıma oturttum, kardeşini verdim kucağına. Önce elini çekti, kolunu çekti, sağına baktı, soluna baktı. Yavrum, küçüğünün de hiç sesi çıkmıyor. Tam o sırada burnunu sıkmaz mı? Bizim ufaklık bir cıyakladı. Kerem, baktı çok matah bir şey değil, üstelik bir de ağlıyor, attı koltuğa gitti. Bir daha ne elledi ne de yanına geldi. Çünkü onu keşfetti. Korumadığımız, ondan sakınmadığımız ve saklamadığımız için kendinden daha değerli görmedi. O zaten yeni doğmuş bir bebek, bildiğiniz üzere bir süre hep uyuyorlar, gaz problemleri yoksa tabii. Kerem'in hayatında hiçbir değişiklik yapmadık. Ondan izinsiz hiçbir şeyini kardeşine vermedik. Sen abisin sus, sen abisin bekle, sen abisin paylaş, sen abisin yap asla demedik. Çünkü o bir abi, diğeri bir kardeş değildi. İkisi de benim yavrularımdı.

BİRİ KARDEŞ, BİRİ ABİ OLMAYI SEÇMEDİ. AMA BEN ÇOCUK SAHİBİ OLMAYI SEÇTİM. İKİSİNE DE DENGELİ DAVRANMAK ZORUNDA OLAN BENDİM.

Elimden geldiğince biri için diğerinin ihtiyacından çalmadım. Abiyi kardeşinden dolayı baskılamadım, kardeşine de küçük olduğu için her şeye sahip olabileceği düşüncesini vermedim. Biz anneler işte burada hataya düşüyoruz. Daha ilk günden itibaren evdeki çocuktan ilgimizi çekip direk küçüğe yöneliyoruz. Bir de ister mi, istemez mi diye sormadan sürekli kardeşinin lüksü için ondan sorumluluk ve fedakârlık bekliyoruz.

Yukarıda bahsettiğim olayda siz olsaydınız ne yapardınız diye sorduğumda tepkilerinizi ne güzel ortaya koyabildiniz değil mi? Çünkü bu güce sahipsiniz, söylediğiniz her şeyi yapabilirsiniz ve vermiş olduğunuz tepkileri düşünün, hepsi bir travma sonucu değil mi? Ama evde abi, abla olmuş yavru ne yapsın? Ne dili hissettiklerini anlatmaya yeter, ne de gücü size tepkisini ortaya koymaya. Anlayamaz ne olduğunu, ilgiyi toplamak için yaptığı küçük haylazlıkları, sizin gözünüzde yeniden popüler olma çabasının getirdiği olumsuz davranışları büyük bir sabır ve olgunlukla tolere etmeniz gerekiyor. Eğer anlayabilecek bir yaşta ise doğmadan önce mutlaka ona anlatın. Bir kardeşi olacağını değil de bir arkadaş olacağını söyleyin. Ama ilk doğduğu zaman bakıma ihtiyacı olduğunu, kendi başına beslenemeyeceğini, tuvaletini yapamayacağını, üstünü değiştiremeyeceğini, bunun için onların yardımına ihtiyacı olduğunu, bu konuda eğer o isterse size yardımcı olabileceğini, onu birlikte büyüteceklerini ve büyüdüğü zaman da onun en iyi oyun arkadaşı olacağını, asla yalnızlıktan sıkılmayacağını anlatın.

Çocuk doğduktan sonra mutlaka onu keşfetmesine izin verin. Bırakın kucağına alsın, sağını solunu kurcalasın, kesinlikle sakınmayın. Tabii kendinizce güvenlik önlemleri alın ama bunu ona hissettirmeyin. Hiçbir şey olmaz korkmayın. Ben daha kırklı iken en büyük abimin serçe parmağını eme eme uyurmuşum ve aylarca abim beni böyle uyutmuş. Tabii bu arada babalara çok büyük işler düşüyor. Baba, anneden doğabilecek bütün boşlukları doldurabilmeli mutlaka.

Sevgili babalar, yayında ve yapımda çok büyük katkınız olan çocuklarınızı, lütfen büyütürken de aynı derecede katkıda bulunun.

"Çocuklarım Kavga Etsin İstemiyorum"

En çok duyduğum soru:

– Hocam iki çocuğum var. Çok kavga ediyorlar. Ne yapabilirim?

– Üretilen fabrikaya geri götürün ya da teknik servisi çağırın. Bunlar sürekli kavga ediyorlar deyin, garanti süresi geçmeden arıza kaydı bırakın. Ya gelsinler arıza veren parçayı değiştirsinler -belki yedek parça durumu kurtarır- ya da elinizdeki çocukları götürüp yenisini getirsinler.

Bence efsane bir çözüm oldu.

– Oldu mu?

– Olmadı mı?

– O zaman eşinize dönün, *"Biz bunları yaptık ama yaparken malzemeden çaldık galiba, olmamış bir daha yapalım"* deyin. Bu daha yaratıcı bir çözüm oldu bence.

Bu da mı olmadı?

Ama siz de çözüm beğenmiyorsunuz. Ona olmaz, buna olmaz. O zaman bırakın, yesinler birbirlerini.

Bu sefer de,

– Aaaa hocam bırakılır mı hiç kendi haline, diyorsunuz. Bu da mı olmaz yani?

Eee, ne yapacaksın? İade etsen olmuyor, bir daha yapsan olmuyor, kendi haline bıraksan hiç olmuyor.

Keşke çocuklar doğmadan önce elimize bir program verseler, şöyle canımız ne istiyorsa çocuk ile ilgili o bilgileri girsek ve bizim girdiğimiz bilgiler doğrultusunda da çocuk dünyaya gelse, ne kadar güzel olur değil mi?

Şöyle huyunu suyunu seçsek, zekâ düzeyini, sosyal ve duygusal durumunu, okul başarısını, alacağı dereceleri, arkadaşlık edeceği kişilerin özelliklerini, gideceği üniversiteyi, mesleğini hatta kiminle evlenip kaç çocuk sahibi olacağını bile seçebilsek harika olmaz mı?

Siz, ne diyor bu hoca diye düşünmeye başlamadan önce ben mevzuya gireyim.

Bir kere şunu söylemek istiyorum. Kardeş kavgaları gerçekten zordur. Sizi psikolojik olarak çok yorar ve hep arada kalan siz olursunuz. Hep adaleti nasıl sağlayacağınız konusunda çaresiz kalır, nasıl davranacağınızı bilemezsiniz. Çünkü ikisi de sizin canınızdır. Ama şöyle bir gerçek var, saksıya iki dal çiçek ekmediniz. Öyle sessiz sessiz suyunu güneşini alıp büyüsünler de olmaz. İki üç veya dört bilemem. Unutmayın, onlar hareket eden, düşünen ve var olma çabası içerisinde kendilerini kanıtlamaya çalışan birer canlı.

Doğaları gereği kavga etmeleri gerekiyor. Hiç kavga etmeden, ters düşmeden, birbirlerini itip kakmadan büyümeleri anormal olur. Siz herkesle dört dörtlük mü anlaşıyorsunuz ki çocuklarınızdan bunu bekliyorsunuz? Çocuk yahu onlar! Hem iyi açıdan düşünün. Çocuklar kavga ediyorsa, özgür irade çalışıyor demektir.

Şimdi asıl mevzu bu kavgaların siz neresindesiniz ve kriz yönetimini ne kadar sağlıklı yapıyorsunuz? Onlar kavga ederken ikisinin arasında dengeyi kurmak zorunda olan sizsiniz. Çocuklardan biri genelde daha sakin olur. Bu yüzden sakin olan çocuk, ana baba tarafından kollanır. Hareketli olan çocuk genelde bu kavgaların sonunda, bir de annesinden işitir paparayı. Sürekli o suçlanır, sen ne biçim kardeşsin, ya da abisin diye sürekli zılgıtı yer. Çünkü anne ve baba gözünde suçlu potansiyeli olan odur. Bu hareketli çocuk, genelde ağabeydir. Kardeş de genelde dayak yiyendir. Çünkü ağabey bir kuma ile büyümüştür. Çeşitli kardeşlik kıskançlıkları yaşamıştır. Aile de onu genelde anlamayıp suçlamıştır. O da bu sebepten kardeşine tepki geliştirmiştir. Durum her zaman böyle olmasa da kardeş hep mağdurdur. Çünkü o esas kadının üstüne kuma geldi. Esas kadın daha önceden keşfedildiği için önemini yitirdi. Gelen kuma yeni hayatına uyum sağlasın diye bütün ilgiler onda çünkü. Hatta kardeş, sırf kardeş olduğundan dolayı daha bir kollanmış ve arkalanmıştır. Çünkü o küçüktür. Fedakârlık yapması gereken ağabeydir. Kardeş de durumun farkındadır. Hatta bazen kasıtlı olarak bile mağduru oynayabilir. Bu kesin böyledir, demiyorum. Ama genelde böyledir. İşte buradaki durumun yarattığı psikoloji, başlı başına kardeş kavgalarının sebebidir. Genelde kavgaların altında yatan sebep burada anlattığım gibi bilinçaltında kardeşe karşı oluşan olumsuz düşüncelerdir.

Ben kendi çocukluğumu hatırlıyorum. Dört çocuklu bir ailenin en küçük bireyi olarak dünyaya geldim. Üstelik üç erkek çocuktan sonra... Ne saltanat ama değil mi? Yıllardır beklenen esas evlat. Hatırlıyorum. Kimse benim kılıma dokunamazdı. Hem tek kızdım, hem de en küçüktüm. Ortanca ve küçük ağabeyim ile çok çatıştığımı hatırlamıyorum ama büyük ağabeyim beni annem ve babamın olmadığı her fırsatta hırpalamaya çalışırdı. Altında yatan sebep belli: Kıskançlık! Şimdi burayı okurken *"Hadi kız oradan"* diyorsun değil mi? Hatırlamazsın tabii. Sıkıştırılan hep bendim çünkü.

Tabii bunun yanında kardeş kavgalarının birçok sebebi var. Mesela aile büyükleri, sürekli sorunlarını kavga ederek çözüyorsa aile problem çözme konusunda doğru şekilde model olamıyorsa kardeşler de bu durumdan etkilenerek sürekli kavga edip anlaşamayabilirler.

En önemli faktörlerden biri de kıyastır. Kardeşler arasında aile büyükleri sürekli kıyas yaparak birini övüp diğerini yeriyorsa sürekli olarak olumsuz tepkiler alan ve kardeşinin güzel olan yanları ile kıyaslanan çocuk, kardeşe tepki geliştirebilir. Bu tepkiyi de sürekli ona zarar vermeye çalışarak ortaya koyabilir. İki kardeş arasında, *"Bak ağabeyin ne kadar çalışkan, sen ne kadar tembelsin"* ya da *"Kardeşin ne kadar güzel oynuyor oyuncaklarıyla, sen sürekli kırıyorsun"* veya *"Kardeşin ne kadar uslu, sen ne kadar yaramazsın"* gibi kıyaslar kardeşlerin ilişkilerini ciddi anlamda olumsuz etkileyebilir. Bu tutumla iki kardeşin bağlılığını değil, düşmanlığını beslersiniz. Bu düşmanlık da kavga ortamına zemin hazırlar.

Bir de çocuklar kendilerine ait malları gereğinden fazla sahiplenebilirler. Bir oyuncağını ya da kıyafetini kardeşi ile paylaşmak istemeyebilir. Malını paylaşmak istememek kardeş kavgalarının önemli sebeplerinden biridir.

Bazen bunların hiçbiri olmasa bile kardeş kavgaları görülebilir. Yukarıda söylediğim gibi kardeş kavgaları doğal bir süreçtir. Önemli olan burada sizin tutum ve davranışlarınızdır.

Kriz yönetimi burada çok önemlidir. Kardeş kavgalarında kimin haklı ya da haksız olduğu önemli *DEĞİLDİR*. Önemli olan problemin adaletli şekilde çözülmesidir ve anne baba olarak kardeş kavgalarına sebep olacak tutum ve davranışlardan kaçınmaktır.

Ya! Bak nasıl unuttum. Bir de ortanca kardeş var değil mi? Tost ekmeğinin arasında kalmış kaşar peynirine benzetirim ben bu ortancaları. Yukarıdan ve aşağıdan baskı geldikçe erir, eridikçe sağa sola akmaya başlar. Kaçışı yoktur bu ortancaların.

PROBLEMİN EN GÜZEL ÇÖZÜMÜ, PROBLEM OLABİLECEK OLAYLARI ÖNCEDEN KESTİRİP ÖNLEM ALMAKTIR.

Peki, bunu nasıl sağlayacaksınız?

Abi ya da abladan sürekli fedakârlık beklemeyerek.

Sen büyüksün ver,

Sen büyüksün sus,

Sen büyüksün paylaş, diye bir dünya yok.

Bu büyük olan kardeşin, küçük olan kardeşine düşmanlık besleyerek her fırsatta ona kötü davranmasına sebep olacaktır. Bir problem anında kardeşlerden biri fedakârlık yapmak zorunda değildir.

Diyelim ki kardeşine sürekli vuran bir abi veya abla var. Böyle bir durumda vuran çocuğa sorun bakalım neden vurmuş. Onu sonuna kadar dinleyin. Anlamaya çalışın. Diyelim ki kardeşlerden biri, diğerinin oyunu bozdu, ya da oyuncağını elinden aldı. Ve küçük olan kardeş yaşı gereği bunu neden yapmaması gerektiğini anlattığınızda bunu anlamayacak kadar küçük. Büyük kardeş ile mecburen iletişim kuracaksınız. Onun da bir zamanlar kardeşi gibi bir bebek olduğunu ve kendinden büyük ağabeylerinin oyuncaklarını sürekli almak istediğini hatta oyunlarını bozduğunu anlatın.

"Sen böyle davranırken senin abla ve ağabeylerin küçük bir bebek olduğunu bildiği için oyuncaklarını seninle paylaşır, oyunlarına seni de alırlardı ve sen çok mutlu olurdun. Asla kimse sana vurmaz veya kızmazdı. Biri sana onun oyuncağını aldın diye kızsa, vursa hoşuna gider miydi? Şu an senin kardeşin çok küçük, oyunların bozulduğu için çok üzülüyorsun ben seni çok iyi anlıyorum. Bu durum hoşuna gitmiyor, farkındayım. Ama sorunlarımızı birbirimize vurarak çözmek bizde sadece üzüntü yaratır. Ama birlikte oynarsak mutlu oluruz. Kardeşin seninle oyun kurmakta zorlanıyor ama üçümüz oynayarak daha eğlenceli vakit geçirebiliriz. Üstelik hatırlasana, sen de bazen benden izinsiz benim eşyalarımı alıyorsun. Ben sana böyle zamanlarda vursam sende mutluluk mu oluşur, üzüntü mü?" gibi sorularla empati kurmasını sağlayıp olayları daha sağlıklı bir şekilde çözebiliriz.

Ama ikisi de konuştuğunuzda sizi anlayacak yaştalar ise her ikisini de sıra ile dinleyin. Birinin sözü bitmeden diğerine söz hakkı vermeyin. İlk konuşan çocuk durumu çok uzatıyor ve bitirmiyorsa *"Şimdi biraz da kardeşini dinleyelim, seni yeniden dinlemeye devam edeceğim"* diyerek diğer kardeşi de dinleyin. Kesinlikle birine sen haklısın, diğerine sen haksızsın demeyin. Yukarıda verdiğim örnekteki gibi onları anladığınızı hissettirerek, empati kurmalarını sağlayarak, olaylara çözüm bulmaya çalışın. Eğer ortada sizin tepki vermenizi gerektirecek bir durum varsa birine değil, ikisine birden tepkinizi verin. Diyelim ki ortada paylaşılmayan bir oyuncak varsa birinden alıp diğerine vermeyin. Neden paylaşmaları ve sıra ile nasıl oynamaları gerektiğini anlatın. İkisine de oynamaları için süre belirleyin. Diyelim ki 10 dakika biri, 10 dakika diğeri. Verdiğiniz süreye çok dikkat ederek adaleti sağlayın.

Baktınız yine de anlaşamıyorlar, oyuncağı ortadan kaldırın. Tutarlılık bu süreçte önemlidir. Kaldırdığınız bir oyuncağı beş dakika sonra geri ellerine vermeyin. Sizin onlar üzerindeki otoriterinizi ciddi anlamda sarsabilir. Ya da birinden alıp diğerine vermek kardeş kavgalarını besler. Adaletli ve tutarlı davranıp sorunları şiddetle değil de konuşarak çözmeye çalışırsanız kardeşler arasındaki ilişkiyi sağlam temeller üzerine atmaya başlarsınız. Bu arada güzel anlaştıkları her an onları tebrik edin. *"Gurur duyuyorum sizinle, ne kadar güzel oynuyorsunuz"* sözleriniz ile onların olumlu ilişkilerini ve birbirlerine olan tutumlarını sağlıklı yönde geliştirebilirsiniz. Zamanla problemlerini kavga ederek değil sizden yardım isteyerek ya da kendi aralarında dengeyi kurarak çözmeye başlayacaklardır.

Özellikle paylaşma konusunda çıkar hep kavgalar. Eğer çocuğuma özel bir eşya almıyorsam mutlaka her ikisine de bunu ikiniz için aldım diyorum. Mümkün olduğu kadar herhangi bir şeyden iki tane almıyorum. Sürekli bir tane olanı paylaşarak oynamaları gerektiği konusunda yönlendiriyorum. Evdeki her eşyayı hepimizin eşyası olarak anlatıyorum. İkisine ayrı ayrı elma vermek yerine ikiye bölüp veriyorum.

Diyelim ki özel eşyasını paylaşmak istemiyor çocuk, mesela bir tişört ya da ayakkabı. Burada da yine paylaşmanın güzelliklerini anlatın ama hala istemiyorsa saygı duyun. Çocuğunuzun özel alanlarına ve eşyalarına saygı duyarsanız, diğer kardeş de sizi model alarak o da saygı duymaya başlayacaktır. Üstelik başka insanların da özel alanları olduğunu anlayıp onlara da saygı duymayı öğreneceklerdir. Özel eşyalarını izin almadan ne ben kullanıyorum ne de izinsiz birbirlerinin eşyalarını kullanmalarına izin veriyorum. Sürekli paylaşmanın güzelliklerini anlatıyorum. Ama ikisi için de özel alanlar oluşturmayı da unutmuyorum. *"Bu kardeşinin çantası ya da bu ağabeyin dolabı, ondan izinsiz bunları kullanma ya da açma"* gibi hatırlatmalar yapıyorum. Kendi çantamı kurcalamalarına ya da yatak odama her istediklerinde girmelerine izin vermiyorum. Çocuklarda özel eşya ve alan algısı da mutlaka oluşmalıdır.

Eşinizle, ailenizle bir problem yaşadığınız zamanlarda, çözümleriniz kavga ile değil konuşarak olmalı. Çocuklarınız sürekli sizi gözlemleyerek öğreniyor. Siz bir sorunla karşılaştığınız an nasıl tepki veriyorsanız çocuklarınız da bir sorunla karşılaştıkları an aynı şekilde tepki veriyorlar unutmayın. Çocuk aile içinde şiddete maruz kalıyorsa ya da aile bireyleri birbirine fiziksel, psikolojik şiddet uyguluyorsa çocuk iletişim dili olarak şiddeti kullanmaya başlayacaktır. Aile içerisinde güçlü olan zayıf olana adaletli davranamıyorsa çocuk da bu adaleti sağlayamayacaktır. Bu sebeple sizin tutum ve davranışlarınız çok önemlidir. İki kardeş arasında probleme sebep olacak davranışlardan bir tanesi de kıyas demiştik. Her çocuk bireysel olarak farklıdır. Kardeş bile olsalar mizaçlarından dolayı ciddi farklılıklar olabilir. Bir çocuğunuz çok sakinken diğeri hareketli olabilir. Biri çok zeki olup diğeri olmayabilir. Biri matematikte çok iyidir, diğeri resimde. İkisinin de aynı özellikleri göstermesini beklemek insan olmanın doğasına terstir. Bu süreçte yetenekleri ve kişisel özellikleri hakkında kıyaslamadan kesinlikle kaçınmanız gerekir. Bu hem kardeş kıskançlığını hem de kardeş kavgalarını besler. Çocuklarınızı olduğu gibi kabullenin ve asla ama asla kıyaslamayın.

Aslında olayı özetlemek gerekirse aile tutumlarına özen göstermek, kardeş kıskançlığına ortam hazırlamamak, adaletli davranmak, kıyaslamalardan kaçınmak, ikisi, üçü ya da dördü, kaç tane çocuğunuz varsa onlar için özel alanlar oluşturmak, onları oldukları gibi kabul etmek, doğru model olarak ve en önemlisi sevgi ve şefkatle yaklaşarak kardeşler arasındaki dengeli ilişkiyi kurabilirsiniz.

Bunlara rağmen kardeş kavgaları elbette olacaktır. Burada anlattıklarım kardeş kavgasını kesinlikle bitirir demiyorum. Çünkü bu gelişimin doğal sürecidir. Ama en aza indirir. Kriz ortamı sürekli oluşmaz. Zaman içerisinde olaylar daha fazla büyümeden çözülmüş olur. Kardeş zorbalığının da önüne geçmiş olursunuz.

SEVGİ
SAYGI
ŞEFKAT
ANLAYIŞ
ADALET
DİNLEMEK
KONUŞMAK
DOĞRU MODEL OLMAK

} KARDEŞ
KISKANÇLIĞINA
ÇÖZÜM

"Keşke Allah Olmasa Öğretmenim!"

B ir gün sınıfımdaki bir yavru yanıma geldi ve bana:
– Keşke Allah olmasa öğretmenim, dedi.

Tam yanlış anladım galiba diye düşünürken bir daha

– Keşke Allah olmasa, dedi.

– Neden?

– Çünkü tam bir baş belası!

Bir daha neden dedim.

– Sen Allah'ı öldürebilir misin, dedi bu sefer.

Haydaaaa! Konu gittikçe ilginç bir hal almaya başlamıştı.

– Hayır, ben onu çok seviyorum, öldüremem.

Tabii biraz şaşırdı ben böyle söyleyince.

– Sen Allah'ı neden öldürmek istiyorsun bakalım?

– Çünkü o hep yakıyor.

– Bak şimdi, senin nereni yaktı göster bakayım.

– Daha yakmadı ama yakacakmış.

– Allah seni çok seviyor. Neden yakmak istesin ki?

– Çünkü annem sürekli *"Allah seni yakar"* diyor. Eğer kötülük yaparsam kötü çocuk olursam Allah beni yakacakmış. Ben bugün kardeşimin biberonunu kırdım. Ama anneme ben kırdım diyemedim. Annem *"Allah yalan söyleyenleri yakar"* dedi. Allah beni yakacak mı öğretmenim?

Meseleyi anladım aslında, tabii çocuğu da. Çocukluğum geldi aklıma. Ben küçükken de en çok Allah'la korkuturlardı. *"En çok Allah'ı sevmelisin"* derlerdi ama hakkında bir tane iyi bir şey söylemezlerdi. Annem de hep bana yaptığım ya da yapabilme ihtimalimin olduğu hatalar karşısında Allah'ın beni yakacağını söyler dururdu. Benim de en büyük hayalim Allah'ı yok etmekti. Çünkü annemin beni korkutmak için söylediği sözlere inanırdım. Allah benim için kocaman bir insandı ve birkaç baba ile Allah yok edilebilir bir varlık olarak canlanırdı gözümde, bu miniğin gözünde canlandığı gibi. O küçücük beynimle hep Allah'ı yok etme senaryoları yazardım. Çünkü Allah ya yakıyor ya günah yazıyor ya elimizi ateşe sokuyor, hatta mezar diye bir yerde ağzımızdan içeri yılan bile sokuyordu.

Bizim zamanımızda annelerimizin yaratıcılığı daha müthişmiş. O kadar korkutup korkutup bir de demezler mi Allah'ı seveceksin. Oooollldu canım, bir de sevecekmişim! İnsan korktuğu şeyi sevemiyor maalesef. Komşumuzun bahçesinden kayısı aldım diye annem *"Bir daha yaparsan Allah senin ellerini taş yapar, bir daha oynatamazsın!"* demişti. Günlerce her sabah korku ile kalktım ellerim gerçekten taş oldu mu diye.

Bu yavru da öyle benim gibi dipsiz kuyulara düşmüş. Kafasında kim bilir neler kurdu? Çocuğu bir şekilde teselli ettim ve sakinleştirdim. Ona Allah'ın bizi çok sevdiğini asla bize zarar verecek şeyler yapmayacağını açıkladım. Küçük yavruya, annesinin belki bunu bilmediğini ve annesine Allah'ın kimseyi yakmadığını anlatacağımı söyledim. Annesini de aynı gün çağırıp gerekli konuşmayı yaptım ve bir daha Allah ile ilgili çocuğun gözünde canavar senaryoları anlatmayacağının ve çocuğu korkutmayacağının sözünü de aldım.

Allah sevgisi böyle kazandırılmaz ve çocuk da böyle terbiye edilemez. Allah yakmaz. Yaksaydı önce sizi yakardı, kendisini canavar ilan edip bizi böyle korkuttuğunuz için.

Doğru yanlış böyle öğretilmez. Bilmeden ettiğiniz bu laflar çocuklarda gerçek gibi algılanıp yaşamlarında çok büyük korkuya sebep olduğunu ve ruhlarında ne kadar büyük yaralar açtığını biliyor musunuz? Önce canavar gibi anlatıp sonra da sevmesini istiyorsunuz.

İnsan KATİLini sever mi? Sevmez.

Aslında Allah'ın çocuklara nasıl anlatılması gerektiği anne babalardan hep duymuş olduğumuz bir sorudur. Önce şunu söylemek istiyorum: *"Allah çocuklarımız için soyut bir kavramdır. Bu yüzden somutlaştırarak düşünürler. Belki bir insan veya daha farklı bir canlıya benzetebilirler."* Ben çocukken annem beni nasıl korkuttuysa zihnimde benim için Allah kocaman bir canavardı mesela. Çocuklar Allah'ı canlı bir varlık olduğunu düşündükleri için sürekli size: *"Allah nerede, ben neden görmüyorum, kaç yaşında, annesi kim, Allah nerede yaşıyor, evi nerede?"* gibi sorular sorarlar. Bu kadar somut düşündükleri için sizin Allah ile korkutma amaçlı söylediğiniz her şeyi gerçek gibi algılayıp bu korkuyla yaşarlar. Elini gerçekten kocaman bir adamın gelip yakacağına inanır. Eminim birçoğunuz da aynı bu terbiye ile büyüdünüz. Siz çocukken size bu şekilde davranılmasından hoşnut olduğunuzu söyleyebilir misiniz?

Ben çocuğuma kendisinin, dünyanın, bizlerin nasıl yaratıldığını merak edip bunları bana soruncaya kadar Allah ile ilgili hiçbir şey söylemedim. Ve onun bana sorduğu sorular doğrultusunda kafasını karıştırmadan somutlaştırarak anlatmaya çalıştım. Kerem'e anlayabileceği bir dilde Allah'ın insanları yarattığını, Allah'ın bizi çok sevdiğini, O'nun dünyada bizim gibi bir evi, bir ailesi, bir anne ve babası olmadığını ama yarattığı her şeyin dünyada olduğunu ve gözümüzle gördüğümüz her şeyin Allah tarafından yaratıldığını söyledim. Ona sahip olduğu ve onu mutlu eden her şeyi annesini, babasını, kardeşini, elini, kolunu, bacağını, kulağını, evini, okulunu kısacası hepsini Allah'ın verdiğini anlattım.

Şu an kafanızdan şu cümleler geçmiş olabilir: Eli, kolu, evi olmayan nasıl açıklayacaktır? Buradaki amacım güzellikleri göstermek. Kafasında güzel bir resim çizebilmek adına bu şekilde anlattım. Siz de hayatınızdaki farklı güzelliklerden bahsederek bir resim oluşturabilirsiniz. Kerem, kendisine bu kadar güzel şeyler veren Allah'ını çok sevdi ve Allah oğlumun kahramanı oldu. Yüreğine hep sevgi tohumları ektim, asla korkutmadım, yanlış bir şey yaptığında Allah günah yazar demedim. Biri bize iyilik yaptığında veya bir hediye verdiğinde nasıl teşekkür ediyorsak bize bu kadar güzel hediyeler sunan Allah'ımıza teşekkür etmemiz gerektiğini anlattım. Geceleri yatmadan önce birlikte şükürlerimizi sunduk. Allah'tan yeni isteklerde bulunduk ve gerçekleşmesi için sabırla bekledik.

Benim çocuklarımın kafasındaki Allah asla yakmaz, günah yazmaz. Sürekli Allah günah yazar dediğiniz çocuklarınıza sorar mısınız? Günah ne demek? Benim bu zamana kadar sorduğum hiçbir çocuk bunun ne demek olduğunu bilmiyordu. Hepsinin cevaplarında korku senaryoları vardı. Günah işlersek Allah bizi yakar, dedi çoğu. Bizim inandığımız Allah, iyi bir şey yapınca mutlu olur, bizi hep sever ama kötü bir şey yapınca ne yakar ne kızar ne de günah yazar. İlla bir şey söylemek istiyorsanız sadece *"Üzülür"* deyin.

"Sen kardeşine kötü davrandığın zaman, sana kardeşini veren Allah bu duruma çok üzülebilir. Çünkü Allah kardeşini sana arkadaş olsun diye verdi, sen döversen bu Allah'ın hoşuna gitmeyebilir" deyin mesela. Hem empati yeteneği hem de vicdan duygusu gelişir.

Allah kadar yüce bir varlık sadece sevdirilmeli, korkutma aracı olarak kullanılmamalı diye düşünüyorum. Allah bizim sıkıştığımız anlarda elimizdeki kızgın maşa değil, çocuklarınızın yüreğine sevgi sözcükleri ile ektiğiniz bir tohum olmalı. Bu tohumu korkutarak değil sevdirerek içlerinde büyütmelisiniz.

Ne olursa olsun hep sevgi ile olsun. Önce Allah sevgisi, korkusu değil...

Sen Neyi Törpülüyorsun Acaba?

En çok kızdığımız zamanlarda insanlara söylediğimiz bir söz vardır: *"ÖMÜR TÖRPÜSÜ"*. Birçoğunuz duymuşsunuzdur eminim. Törpülendiğimizi düşündüğümüz anlarda söyleriz genelde.

Bir de *ÇOCUK TÖRPÜSÜ* diye bir şey var. Bunu duymadınız çünkü bunu ben uydurdum.

Çocuk törpüsü kimdir biliyor musunuz?

Bir düşünün bakalım kim olabilir? Ben de size o arada bir şeyler anlatmak istiyorum.

Bir gün sınıfta tırnağım masaya takıldı ve kırıldı. Kadınların her zaman yanlarında taşıdıkları acil durum çantası vardır. Tabii hemen çıkardım törpümü, kırık olan tırnağımı düzeltmeye çalışıyorum. O sırada yanıma bir kız çocuğu geldi. Malum kız çocuğu meraklı böyle durumlara, ruhunda var bir kere.

– Ne yapıyorsun öğretmenim, dedi.

– Tırnağım kırıldı Eylül, onu törpüleyerek düzeltiyorum.

– Elindeki ne?

– Törpü.

Elimdeki aleti de sanırım ilk defa gördü. Belli ki daha önce kullanan biri ile karşılaşmamış.

Bir süre bekledi yanımda ne yaptığıma baktı. Sonra:

– Öğretmenim biz kırılan yerlerimizi törpü ile mi düzeltiyoruz?

O an boş bulundum galiba, tırnağımı soruyor diye düşündüm, biraz da espri olsun diye:

– Evet, dedim.

Aradan birkaç gün geçti sanırım. Eylül bir gün yanıma geldi.

– Hani o gün tırnağın kırıldığında tırnağına sürdüğün şeyi alabilir miyim öğretmenim?

– Törpüyü mü istiyorsun?

– He! Evet, o…

Tabi şaşırdım biraz, ne yapacaktı ki törpü mü?

– Eylül niçin istiyorsun törpümü?

– Annem evde yaramazlık yaptım diye ağladı, sanırım kalbi kırıldı. Törpünü eve götürüp onun kalbini düzeltebilir miyim öğretmenim?

Belki dakikalarca güldüm. Tabii Eylül yanımdan ayrılınca... Hatta hala aklıma geldikçe çok gülerim. Ama bir o kadar da düşündürür ve duygulandırır bu olay beni.

– Eylül törpü sadece tırnaklar içindir canım. Hem biliyor musun anneler çocuklarına küsmez ki. Annen seni çok seviyor.

Annen belki ağlamıyordur ne biliyorsun belki de gözüne bir şey kaçmıştır.

Biraz düşündü. Ama ikna olmadığı gözlerinden belliydi. İkna olmuş gibi davranıp *"Tamam"* deyip oyununa döndü. Aslında kadın acaba neye ağlıyor da bizim küçük yavru kendini suçluyor? Yavrularımız ne kadar masum ne kadar temiz.

Şimdi alakasız gibi olacak ama başka bir şey daha anlatmak istiyorum size. Bir gün bir arkadaşımla konuşurken *"Biliyor musun ben çocukken hiç konuşmazdım, annemin dizinin dibinden ayrılmazdım, hatta hiç arkadaşım yoktu, utanırdım yanlarına gitmeye"* dedi. Çok şaşırdım çünkü bu sözleri söyleyen kişi hayatımda gördüğüm en konuşkan en girişimci ve hayatta birçok şeyi tek başına başarmış çok iyi mevkilere gelmiş biriydi. *"Nasıl olur?"* dedim. *"Ya sen iki dakika konuşmasan üçüncü dakika orta yerinden çatlarsın."* Sonra anlatmaya başladı. *"Ben küçükken annem babam hep kavga ederdi ve ben hep çok korkardım. Her sabah uyandığımda acaba bugün kavga edecekler mi, babam eve sarhoş gelecek mi diye düşünmekten başka hiçbir şeyle ilgilenemezdim. Tek mutluluğum onların kavga etmeden geçirdikleri bir gündü. Her günüm kâbus gibiydi. Okulda hep evi düşünürdüm, yolda hep dua ederdim bugün kavga etmesinler diye. Sanırım kafam çok meşguldü bunlarla, sonra gittikçe içime kapandım. Sen beni çok güçlü, çok girişimci görüyorsun ya, aslında o kadar güçlü değilim. O kadar çok uğraştığım psikolojik sorunlarım var ki... Hepsi çocukluğumda yüreğime ekilmiş benimle birlikte büyüyen, şimdi köklerini içime salmış bir sürü psikolojik sorun..."* Üzerine daha çok konuştuk bu olayın ama size bu kadarını anlatmak istiyorum.

Bu arada düşündünüz mü çocuk törpüsü kim olabilir?

Sizsiniz, yani anne ve babalar ya da çocuğu büyüten her kimse...

BÜTÜN ANNE BABALARIN ELİNDE BİR ÇOCUK TÖRPÜSÜ VAR ASLINDA. Çocuğunuz dünyaya geldiği an elinize alıyorsunuz bu aleti.

Yukarıda anlattığım olaylar ne kadar alakasız gibi gözükse de aslında anlatmak istediğim şey bu iki olayda saklı.

Birinci hikâyedeki küçük bir çocuk, küçücük beyniyle elindeki törpüyü annesinin kırılan kalbini törpüleyip düzeltmek için kullanmak isterken ikinci hikâyedeki arkadaşımın anne ve babası, o kocaman beyni ve cüssesi ile elindeki törpüyü sürekli olarak o küçücük yavrunun kalbindeki mutluluğu, saygıyı, sevgiyi, güveni törpülemek için kullanmış. Hiç düşünmemişler bizim cesurca yaptığımız bu kavgalar yavrumuzu ne kadar üzüyor, ne kadar kırıyor ve hayatında nelere mal oluyor diye.

Şimdi düşünüyorum hangisi daha yetişkin? Çocukça düşünmek diye harika ötesi bir şey var...

Hayatımız boyunca yanımızda var olan insanları farkında olmadan iyi veya kötü sürekli törpülüyoruz aslında. Ama bizi en çok düşündüren çocuklarımızı nasıl törpülememiz gerektiği olmalı.

Ve size şunları söylemek istiyorum:

Sevgi ve saygının olmadığı bir ortamda önce çocuklarımızın ruhunu törpülüyoruz. Nasıl sevilir, sayılır bilemiyorlar.

Sonra gözlerini törpülüyoruz. O masum gözler ruhlarındaki yaradan dolayı göremiyorlar: renklerin güzelliğini, doğanın yeşilini, gökyüzünün mavisini... Gözleri her sabah karanlık bir manzaraya açılıyor.

Sonra kulaklarını törpülüyoruz. Sürekli hakaret, aşağılanma, kavga duyan o kulaklar duymaz oluyor: kuşların cıvıltılarını, başka çocukların attığı şen kahkahaları ve dünyadaki güzel bütün sesleri.

Sonra törpülenmekten dil de unutuyor güzel sözler söylemeyi...

Sonra da bütün bedeni...

Dünyaya bütün güzelliği ve saflığı ile gelen bu yavruları biz kirletiyoruz, biz köreltiyoruz.

Ruhlarında, kulaklarında, gözlerinde, dillerinde güzel olan her şeyi öyle bir törpülüyoruz ki geriye güzellik adına hiçbir şey kalmıyor.

Bazen düşünüyorum da ağır suçlar işleyen, mutlu olmayı bilemeyen, sevemeyen, şiddet uygulayan, kısaca yüreği is tutmuş insanların ailelerine sorulmalı.

"Sen bu insanın çocukluğuna ne yaptın ve nasıl törpüledin ruhundaki güzellikleri de ortaya böyle istenmeyen bir manzara çıktı?" Suçlu tek başına suçlu değildir (istisnai durumlar hariç). Arkasında onu, buna iten mutlaka kötü bir çocukluk vardır.

Tabii bütün ebeveynlere haksızlık etmeyelim. Elindeki törpüyü çok doğru ve yerinde kullanan aileler de var elbette.

İşte o anne ve babalar, çocuklarının gözleriyle gördükleri, kulaklarıyla duydukları, dilleriyle söyledikleri, bedenleriyle yaptıkları her türlü kötülüğü, yanlışı törpülerler var güçleriyle.

Düşünce önüne basamak olur, korkunca yüreğine cesaret olur, karanlıkta gözüne ışık olur; hep sever, kollar. Gerektiğinde över, gerektiğinde döver demeyeceğim tabii.

Güzel duyan güzel söyler, güzel gören güzeli çizer. Sen çocuğuna ışık ol yeter, onda yeşermeye hazır filiz çok...

Elindeki törpüye de dikkat et.

SEN NEYİ TÖRPÜLÜYORSUN ACABA?

Ruhundaki güzellikleri mi yoksa çirkinlikleri mi?

SEVGİLİ ANNE VE BABACIĞIM,

BEN YONTULMAMIŞ BİR AĞACIM. SİZ BENDE NEYİ

TÖRPÜLERSENİZ GERİYE AKSİ KALIR VE YILLAR SONRA ÖMRÜNÜZ BOYUNCA İZLEYECEĞİNİZ MANZARA ORTAYA ÇIKAR.

SİZ ANNE VE BABACIĞIM, YILLAR SONRA BENDE NEYİ GÖRMEK İSTEMİYORSANIZ LÜTFEN ONU TÖRPÜLEYİN

"Oysa Ben, Çocukluk Kumbarama Babam İle İlgili Güzel Hatıralar Biriktirmek İsterdim"

Okuldan eve her geldiğimde beni hep kapıda annem karşılıyor. Büyük bir mutlulukla sarılıyorum ona. Babamın nerede olduğunu biliyorum ama yine de soruyorum:

- Babam nerede anne?

- İşte, akşama gelecek.

- Kaçta gelecek anne?

-Birazdan gelir.

Aradan biraz daha zaman geçiyor. Yine soruyorum.

-Babamın gelmesine ne kadar kaldı anne?

- Az kaldı oğlum.

Aklıma her geldikçe soruyorum. Sonra heyecanla beklemeye başlıyorum. Babam işten gelecek ve biz onunla oynayacağız. Babam geldiğinde neler yapacağımızı düşünüyorum. Babamın eve geldiğini hayal ediyorum. Ben de onu kapıda karşılıyorum. Hemen boynuna sarılıyorum. Babam ile biraz sohbet ediyoruz. Okulda bugün yaptıklarımı anlatıyorum. Sonra hemen topumu getiriyorum, koridorda top oynamaya başlıyoruz. Arada da birbirimize sarılarak boğuşuyoruz. Sırtına biniyorum, atçılık oynuyoruz. Babam biraz yorgun... Ama yine de eğleniyor benimle. Yorgunluğunu üzerinden benim yüzümde gördüğü mutlulukla atıyor. Annem içeriden sesleniyor:

-Haydi, yemek saati!

Ama biz o kadar çok eğleniyoruz ki annemi duymuyoruz. Şen kahkahalarımız evin içinde yankılanıyor. Sonra annem de yanımıza geliyor. Oyunumuza dâhil oluyor. Birlikte biraz daha eğleniyoruz. Sonra babam:

-Hadi evlat, ellerimizi yıkayalım, diyor.

Banyoya giriyoruz. Birlikte ellerimizi yıkıyoruz. Beni kucaklıyor, birlikte masaya geçiyoruz. Herkesin anlatacak konuları var. Birlikte sohbet ediyoruz. Babam arada başımı okşuyor.

Ve zil çaldı. Hayallerimden uyandım. Babam geldi, yaşasın! Heyecanla kapıya koştum. Hayalini kurduğum her şeyi şimdi yapabilirim.

-Babacıımmmm, deyip boynuna atladım. Babam,

-Aslan oğlum, deyip sarıldı. Sonra beni öperek kucağından indirdi. Heyecanla gözlerinin içine bakarak sordum:

-Atçılık oynayalım mı baba?

-Dur oğlum işten yeni geldim. Üstümü değiştireyim.

-Tamam baba, beklerim ben.

Heyecanla bekliyorum. Babam üstünü değiştirdi.

- Oynayalım mı baba?

-Oğlum bir müsaade et. Azıcık oturayım. Biraz dinleneyim. Elimi yüzümü yıkamama fırsat ver.

-Tamam, ben yine heyecanla dinlenmeni beklerim.

Aradan yarım saat geçer,

-Baba dinlendin mi? Oynayalım mı?

-Offfff, oğlum ya! Akşama kadar iş yerinde yoruluyorum. Eve geliyorum bir de sen çıkıyorsun. Git odana, oyna oyuncaklarınla. Yorgunum ben, yemek yiyip televizyon izleyeceğim biraz. Önce dinlenmem gerekiyor. Akşama kadar sizin için çalıştım durdum.

Baba elini, yüzünü yıkar. "Yemekte ne var?" diye sorar. Telefonu şarja takar. Masaya oturur. Yemeğini yer. Sofradan kalkar, televizyonun karşısına geçer, bir eline kumandayı diğer eline telefonunu alır ve koltuğa uzanır.

Anne tek başına masayı toplamaya çalışır, morali bozulur ama o kadar çok uyarmıştır ki eşini. O da artık bu konuda konuşmaktan vazgeçer. Çocuk da ailesi ile birlikte masaya oturur. Kimse konuşmaz. Yemeğini yer, arada konuşacak olursa "Başım ağrıyor, sessiz ol" diye susturulur. Yemeğini yer, boynunu büker ve odasına gider. Yatağın üzerine oturur. Düşünmeye başlar ve yeniden hayallere dalar.

Keşke elindeki kumanda veya telefon ben olabilseydim baba. Onlara benden daha çok dokunuyorsun, elinden hiç bırakmıyorsun. Televizyon izlemediğin zamanlarda sürekli telefonunla meşgul oluyorsun. Durmadan oyun oynuyorsun telefonunla. Keşke telefona yüklenen herhangi bir oyun olabilseydim. Ellerinin sıcaklığını ben değil, o kumanda ve telefon hissediyor. Parmaklarının onların düğmelerinin arasında değil, benim saçlarımın arasında gezmesi gerekmez mi? Dikkatle takip ettiğin spor programları kadar, benim psikolojimi takip etsen çok daha sağlıklı bir ilişkimiz olurdu.

Tuttuğun takım gol attığı zaman yaşadığın heyecanı ve mutluluk gösterilerini, ben herhangi bir şey başardığımda göstersen daha iyisini yapmak için uğraşırdım.

Arkadaşlarınla dışarıda vakit geçirmek istediğin kadar benimle dışarıda bir şeyler yapmak istesen çok daha öz güvenli ve mutlu olurdum.

Sen yine beni değil, televizyonu seçtin ya! Oysa ben seni akşama kadar heyecanla bekledim. Babam gelecek ve biz oyun oynayacağız diye hayaller kurdum. Ama sen yine televizyonu bana tercih ettin. Benimle oynamak, şen kahkahalarımı duymak, mutluluğumu izlemek senin yorgunluğunu almıyor mu acaba? Benimle saatlerce oynamana, ilgilenmene gerek yok baba. Senden saatlerini değil, dakikalarını istiyorum. Baba olmak, kapıda göstermelik on saniye sarılmak değildir. Baba olmak emek ister. Bütün yorgunluğuna rağmen bana ayıracağın bir yarım saatin olmalı. Eve, bir an önce koltuğuna ve televizyonuna kavuşma hayalleri ile değil, bana kavuşma hayalleri ile gelmeni beklerdim. Annem seni uyarırken duyuyorum bazen:

– Çocukla ilgilen biraz. Akşama kadar seni bekliyor.

– Ben onunla ilgileniyorum. Sen merak etme. Neyini eksik ediyorum?

"ZAMANINI" baba. Sen benden zamanını çalıyorsun. Hep çok yoğun ve yorgunsun. Benimle hiçbir şey yapmaya enerjin yok.

Benim küçük yüreğim yorgunluk nedir çok anlayamaz. Beni sevmediğini düşünürüm. Amacım seni yormak değil.

SADECE ÇOCUKLUK KUMBARAMA BABAMLA İLGİLİ GÜZEL HATIRALAR BİRİKTİRMEK İSTİYORUM.

Bir gün ben de baba olduğumda senin bana öğrettiğin oyunları çocuklarımla oynamak istiyorum. Seni her hatırladığımda *"Benim BABAM, dünyanın en harika babası"* demek istiyorum. Sen beni görmezden, duymazdan gelirsen baba, ben kumbarama mutsuz çocuğun hatıralarını biriktiririm ve her arkama baktığımda o mutsuz çocuğu ve elinde sürekli kumanda, televizyon karşısında yatan babamı hatırlarım.

Eğer dünyaya gelirken bir baba seçme hakkım olsaydı, ben yine seni seçerdim baba. Çünkü ben seni koşulsuz seviyorum. Sen her ne kadar seni her gün sabırsızlıkla bekleyen yüreğimi görmesen de sen iyi ki benim babamsın.

BABASI HİÇ OLMAYAN ARKADAŞLARIMI DÜŞÜNÜYORUM.

"YA HİÇ OLMASAYDI" DİYORUM.

SUSUYORUM...

SENİ ÇOK SEVİYORUM BABA.

BENİMLE OYNAR MISIN?

Bir "Hoşgeldin" Demeyi
Bilmeli Her Çocuk

B iz küçükken eve misafir geldiği zaman sıra ile gelen misafirlerin ellerini öper sonra evin kuytu köşelerine geçip o zaman bize öğretilen görgü kuralları çerçevesinde sesimizi çıkarmadan otururduk. Eğer misafirin bizim yaşlarımızda bir çocuğu varsa da olmayan oyuncaklarımızla oyun kurardık. Plastik çay tabakları, çay kaşıkları, boş plastik şişeler en sevdiğimiz oyuncaklardı. Bir de gazoz şişelcrine üfleyerek ses çıkarmak. Aşkın Nur Yengi'nin bir klibi vardı. Bizim nesil hatırlar, bu oyun da ondan moda kalmıştı.

Ben küçükken hiç oyuncağım olmadı denilecek kadar azdı hatta yoktu. Yazık! Annem elimdeki bebek kırıldıkça pazardan kel bebekler alırdı. Bizim oyunlarımız hep hayali oyunlar ve oyuncaklardı. Şimdi o yüzden bu kadar hayalperestim sanırım. Annem çoğu zaman hep seccadeleri rulo yapar onu da bir yazma ile kundaklar al sana oyuncak bebek derdi. Allah'ım o bile ne büyük nimet gelirdi bana. Şimdi düşünüyorum da acaba para mı yoktu, oyuncak mı, yoksa bizimkiler almayı mı bilmiyordu? Ya ben ne anlatacaktım konu nereye geldi. Neyse o zaman misafir varken evde azıcık taşkınlık yapınca annem ve babamın bir bakışı ile anında buz kesilirdik. Ne mümkün öyle canın sıkılınca yanlarına gideceksin, isteklerde bulunacaksın onlar da işi gücü bırakıp senin isteklerine cevap verecek. Haa bir de laflarını keseceksin. Yok canım, daha neler.

Biraz büyüyüp genç kızlığa doğru geçince sorumluluğun çoğu sana ait oluyor. Misafir geldiği zaman hemen kapıda karşıla, hoş geldin de, yer göster, rahatlar mı kontrol et, hemen kolonya tut, çayı koy, ikram edilecekleri getir, koltuğa otur, bacak bacak üstüne atma, çayları kontrol et, biteni hemen doldur, bardaklardan gözünü ayırma, surat asma, yüksek sesle gülme, esneme, lafa karışma, misafir gidiyor montunu getir, giymesi için tut, kapıya kadar uğurla, yine gelin demeyi de unutma... Yazarken yoruldum yahu.

Öyle şimdikiler gibi bizim zamanımızda ergen tribi yoktu, psikolojimizden anlayan da. Trip atıp odamıza geçemiyorduk, böyle bir lüksümüz yoktu maalesef. Ya düşünüyorum da nasıl içselleştirmişim olayı. O zamanlar bu bana işkence gelirdi diyemeyeceğim çünkü severdim misafirleri, hala da çok severim. Bizim nesil bunlarla büyüdüğü için çok anormal gelmiyordu aslında.

Şimdi ben büyüdüm, evlendim, çocuklarım oldu. Bize de misafir geliyor ama ben çocuklarıma böyle davranmıyorum elbet. Ama yaşadığım bazı olaylar beni gerçekten çok düşündürüyor.

Ben 29 yaşında anne oldum. Çocuğum 5 yaşında. Bu arada yaşım da ortaya çıktı galiba.

Bazı çocukluk arkadaşlarım çok erken evlendikleri için şimdi onların çoğunun çocukları delikanlı kız veya erkek. Zaman zaman denk geliyoruz veya bir yerlere oturmaya gittiğimiz zaman böyle gencecik kızlar veya erkeklerle karşılaşıyorum. Kimi çok tatlı, kibar ama çoğunluğu bir *"HOŞ GELDİN"* demeyi bile bilmiyor. Ne oluyoruz yahu diyorum. Gittiğim birçok evde gördüğüm genel durum şu oluyor:

Eve gel, çantayı kapının ağzına at, içerdeki misafire anlamsızca bak, kafayı çevir, ne var yemekte diye sor, offf yine mi aynı yemek de, ben odamdayım diyerek ayrıl, bir daha misafirin yanına uğrama, kim olduğunu bile merak etme, tableti al, saatlerce başında kal, o arada annen bir şey isterse çemkirmeyi de unutma.

Ya diyorum şimdi benim cahil olduğunu düşündüğüm anam babam mı doğru olanı yapmış, yoksa her şeyin en iyisini bildiğini düşünen biz yeni nesil anne ve babalar mı?

Şimdi düşünüyorum biz küçük bir çocukken bile bir misafir geldiğinde nasıl davranmamız gerektiğini bilirdik. Tabii ki demiyorum her şey benim çocukluğumdaki gibi olsun. Aslında anlatmaya çalıştığım misafire nasıl davranılması gerektiği de değil. Sadece çok küçük yaşta öğretildi bize bazı şeyler. Misafir adabı, paylaşmak, ev içinde sorumluluk almak, verilen sorumluluğu yerine getirmek, arkadaşına komşuna duyarlı olmak.

Hatırlıyorum sokağımızda adını hiç öğrenemediğim çarşaflı bir teyze vardı. Çünkü ona herkes çarşaflı teyze diyordu. O zaman daha ilkokula gidiyordum. O teyzeyi elinde bir poşetle ne zaman görsem hemen koşar yardım ederdim. Sokakta halı yıkamak, kapı önü süpürmek çok modaydı o zaman, bunu yapan insanlara kolay gelsin demeden geçmezdik. Tanıyalım veya tanımayalım fark etmiyordu. Biz olmayan oyuncaklarımızı paylaşırdık ama yeni nesil çocuklara bakıyorum, evlerinde yüzlerce oyuncağın bir tanesini bile paylaşmayı bilmiyor. Pamuklara sardığımız evlatlarımıza, bir hoş geldin demeyi, paylaşmayı, insana, doğaya, hayvana sevgiyi ve saygıyı öğretemiyoruz. Hatta yeri geliyor kullandığı bir bardağı bile yıkattıramıyoruz. Neden böyle biliyor musunuz?

Çünkü çocuklarımızın akademik becerilerine, ahlak ve sosyal gelişimlerinden daha çok değer veriyoruz. Bir misafire hoş geldin demesin, bir yaşlının poşetini taşımasın, bir komşuya yardım etmesin ama en iyi okullarda okusun, dereceler yapsın, doktor, mühendis, avukat olsun, en iyi işlerde çalışıp çok paralar kazansın...

Anadolu'da ya da kırsalda durum böyle değil biliyor musunuz? Buralarda yaşayan aileler zor yaşam koşulları ve hayatın getirmiş olduğu birtakım zorunluluklardan dolayı çok küçük yaşta çocuklarına sorumluluk veriyorlar. Bu çocuklar, çok küçük yaşlarda almış oldukları sorumluluktan dolayı daha 4-5 yaşlarında sorumluluk bilincini kazanıyor ve bu çocuklar küçücük yaşta bir sürüye sahip çıkabiliyorken, bizim aman küçük deyip sürekli koruduğumuz, her işlerini onların yerine yaptığımız evlatlarımız çantasındaki kitaba, elindeki kaleme, içtiği suya bile sahip çıkamıyor. Üstelik bu çocuklar, bizim her imkânı sunup insani değerleri öğretmeyi unuttuğumuz çocuklarımızdan çok daha duyarlılar yaralı bir hayvana, arkadaşına ve komşusuna karşı. Çünkü onlar hala Anadolu pedagojisi ile büyüyorlar. Ahlaki değeri gelişmeyen, sorumluluk bilinci olmayan, büyüğünü küçüğünü tanımayan, edepten adaptan yoksun bir nesil büyüyor maalesef.

Şimdi bir sürüye sahip çıkan 5 yaşındaki çocuk mu hayatına, geleceğine, doğrusuna, yanlışına, sevgisine, saygısına, ayıbına, kazancına, ailesine daha iyi sahip çıkar yoksa pamuklara sardığımız 15 yaşına gelmiş ama hâlâ bir bardağı bile yıkamayı beceremeyen çocuk mu?

Yanlış anlamayın sakın. Asla çocuğunuza ağır iş yükü verin, küçük yaşlarda ev temizletin, çamaşır yıkatın, ütü yaptırın siz de yan gelin yatın demiyorum. Atalarımız ne kadar güzel söylemiş: *Ağaç yaşken eğilir.*

Çok küçük yaşta sorumluluk bilinci mutlaka aşılanmalı çocuklara. Yaş özelliklerine uygun işler verilmeli, kendi sorumluluklarını içselleştirmeli, bu benim işim deyip sahip çıkmalı. Odasını toplamalı, montunu asmalı, tabağını kaldırmalı, oyuncaklarını toplamalı, çamaşırlarını kirli sepetine atmalı, ana ve babasına yardım etmeli, sokakta yaşayan hayvanlara yemek ve su vermeli, bir yaşlıya, engelliye yardım etmeli ve mutlaka *MİSAFİRE HOŞ GELDİN DEMELİ...*

Hangisi Daha Değerli?
Malın mı, Canın mı?

Bir gün sadece 5 dakika televizyona dalmışım, bizim evde üç afacan! Hiç sesleri çıkmıyor! Sadece masanın arkasından gelen tencere kaşık sesi... Bir yandan da diyorum ki "Oh! İyi hadi sesleri çıkmıyor sevdiler tencere tabakla oynamayı..."

Birkaç dakika sonra huylandım, kavga yok gürültü yok. Annelik içgüdüsüyle bir bakayım dedim. Masanın arkasına geçmemle birlikte gördüğüm manzara karşısında şok oldum. *"Aman Allahımmmmmm!"*

Caaanımm organik bir buçuk kilo pekmezle bizimkiler yemek yapıyor.

Her yer pekmez. Bütün pekmezi tencerelere, çaydanlığa, halıya, üstlerine, her yere dökmüşler, bir de bir güzel karıştırıyorlar, oradan oraya döküyorlar. Vur patlasın çal oynasın. Ortalıkta tam bir şenlik havası... Sanırım 30 saniye sonra atlattım şokumu ne yapayım şimdi? Bağırayım mı? Döveyim mi? Kızayım mı? Tabii ki hiçbirini yapmadım.

O AN DÜŞÜNDÜM:

BUNU YAPARKEN İNANILMAZ ZEVK ALAN BU YAVRU-LAR MI DAHA DEĞERLİ? YOKSA KİRLENEN HALIM, DU-VARLARIM, DOLAPLARIM VE TENCERELERİM Mİ? TABİİ Kİ YAVRULARIM...

– Ne yapıyorsunuz, dedim.

– Yimek yapyoj anni.

– Ne yemeği yapıyorsunuz peki?

– Çoba (En büyüğü iki buçuk yaşında o zaman)

Tadına bak diye bir de bana uzatmazlar mı? Baktım çorbanın tadına.

– Harika olmuş. Ne koydunuz bakalım bunun içine?

– Tayana(tarhana) dedi büyük oğlum.

Yazık tarhana içe içe çocuğun içine işlemiş. Çorbanın tadına bakıldı, birlikte biraz daha oynadık sonra tencereler toparlandı, halı yıkamaya gönderilmek üzere toplandı, sonra hepimiz olaysızca dağıldık. Bize kalan bu resimdeki hoş hatıra oldu.

Peki ya bağırsaydım, hırpalasaydım onları orada, kırılan o kalbi onarmam o eşyaları on dakika içinde toplamam kadar kolay olur muydu? Tabii ki de olmazdı. Ben çocukluğumda annemden bir kere dayak yediğimi hatırlıyorum. O da misafirin pantolonunu kesip kendime göre yapmaya çalıştığım için. Asla unutmam o anı. Ben pantolonu kendime göre yapmanın sevinciyle yanlarına gittiğimde dayak yemek yerine onlar bu olayı komik bulup bana gülselerdi, benim heyecanıma ortak olup bunu neden yaptığımı dinleselerdi, sonra bu yaptığımın aslında yanlış olduğunu ve bunu bir daha neden yapmamam gerektiğini anlatsalardı şu an o olayı yüzümde bir acı değil tebessümle hatırlardım. Belki benim çocuklarım bu pekmez olayını büyüdüklerinde hatırlayamayacaklar ama resimlerde ve çektiğim videoda bu olayı izlediklerinde çok gülecekler.

Çocuklar büyürken elbette malımıza zarar vereceği anlar olacaktır. Bizim kaç kere televizyonumuz kırıldı, telefonlarımız havuza atıldı. Geçen sene tatilde 10 dakika ara ile iki telefonumuzu da havuza attılar. O sene bizimle tatil yapan arkadaşlarımız olaya şahittirler hatta. Hiçbir şey söylemedim, oğlum daha 2 yaşındaydı, zaten anlayabilecek bir yaşta bile değildi. O an dövsem ya da bağırsam, neden kendine kızıldığını bile anlayamayacaktı. Hep böyle anlarda şunu düşünürüm: *BENİM KALBİNİ KIRDIĞIM ÇOCUĞUM MU DAHA DEĞERLİ, YOKSA ONUN KIRDIĞI YA DA ZARAR VERDİĞİ MALIM MI?* Tabii ki benim yavrum her şeyden daha kıymetli. Elbette malınızı koruyacaksınız. Sahip çıkacaksınız. Çocukların zarar vermesine izin verin demiyorum kesinlikle. Ama istemeden yaptıkları muzurlukların karşılığı psikolojik veya fiziksel şiddet olmasın diyorum sadece.

- Bozulan fırın tamir edilir.

- Kırılan vazo yenisi ile değiştirilebilir. Kirlenen halı yıkanabilir.

- Karalanan duvarlar boyanabilir.

Ama...

- Hayalleri çalınan, oyunu bozulan, zihni karalanan, kalbi kırılan masum bir yavru mallarınız kadar çabuk telafi edilemez.

EN UFAK BİR HATASINDAN DOLAYI KÜÇÜÇÜK BİR YÜREĞE KALKAN O ELİ YERİNİ BULDURMADAN ÖNCE BİR DÜŞÜN HANGİSİ DAHA DEĞERLİ:

KIRILAN EŞYAN MI, KİRLENEN HALIN MI, YÜREĞİNDEKİ ÖFKEYİ SOĞUTMA ÇABAN MI YOKSA GÜCÜ SADECE KOLLARINI HAVAYA KALDIRIP YÜZÜNÜ KORUMAYA ÇALIŞAN SENİN CANIN KANIN O YAVRU MU?

"Beni Korkutarak Terbiye Etmeye Çalışma"

Ahmet, anne karnında bile çok hareketli bir bebekti. Doktor, her kontrolde çok hareketli bir çocuk olacak diye ailesine söylüyordu. Haklı da çıktı. Ahmet, bir yaşından itibaren bir dakika bile yerinde oturamayan, sürekli karıştıran ilgili ve meraklı bir çocuk olmaya başladı. Bazen bu hareketliliği annesini yoruyordu. Çünkü Ahmet kendine, çevresine, zaman zaman da arkadaşlarına zarar veriyordu. Ahmet, öğretmen bir anne ve avukat bir babanın çocuğu...

Tabii bu sebepten dolayı üzerlerinde toplumsal baskı da var. Öğretmen çocuğu olacak bir de, terzi kendi söküğünü dikemezmiş gibi sözler duymak anneyi de ister istemez etkiliyordu. Bir yere oturmaya gittiklerinde ev sahibinin iğneleyici lafları veya aile içindeki insanların bu sözleri annenin canını çok sıkmaya başlamıştı.

"Sen bu çocuğa terbiye verememişsin, çok yüz vermişsin!"

"Ahmet birine vurunca sen de ona bir tane vur, bak bir daha yapıyor mu?"

"Ne kadar yaramaz bir çocuğun var, gittiğin yerlerde nasıl rahat ediyorsun?"

"Zamane çocukları çok şımarık, okumuş aile çocukları daha şımarık..."

Annenin sürekli bunları duyması, çocuğuna karşı olumsuz tutum geliştirmesine sebep olmuştu. Aslında Ahmet çok zeki, araştırmacı, cesaretli, öz güvenli, meraklı, harika ötesi bir çocuk ama anne farkında değil. Hem ilk çocuk olması, hem bu yaş grubu ile hiç çalışmamış olması ve böyle bir durumla ilk defa karşılaşması, annede hep çocuğu yaramaz ve söz dinlemeyen bir çocuk algısı uyandırmış. Bir laf vardır ya: *"El âlemin ağzı torba değil ki büzesin."* Gereksiz eleştirileri ile anne ve çocuk arasındaki ilişkiyi bozan insanların ağzı o an gerçekten torba olsa da biz de güzelce şöyle büzüp kördüğüm atsak ne kadar güzel olurdu.

Ahmet 2,5 yaşındayken misafirliğe gitmiş oldukları evde ev sahibinin oğluna vurur. O gün evden çıkmadan önce anne eşi ile de tatsızlık yaşamıştır. Ev sahibinin iğneleyici bakışları ve sözleri, annenin patlama noktası olur ve Ahmet'i kolundan tuttuğu gibi bir odaya götürür, kapıyı üzerinden kilitler.

– Bıktım artık senden, gittiğimiz her yerde beni rezil ediyorsun. Sen nasıl bir çocuksun? Yeter artık yoruldum! Burada biraz kilitli kal da aklın başına gelsin.

Çocuk, odaya kilitlendiği için inanılmaz korkar, ağlamaya başlar, annesine yalvarır:

– Lütfen beni çıkar. Çok korkuyorum.

Çocuk kapıyı tekmelemeye başlar. Kapıyı yumruklar. Anne birkaç dakika sonra kapıyı açar:

– Bir daha arkadaşlarına vuracak mısın, diye sorar.

– Hayır anne, söz veriyorum yapmayacağım.

– Bir daha arkadaşlarına vurursan seni yine odaya kilitlerim.

– Lütfen beni kitleme anne! Tamam, söz veriyorum.

Ahmet, salona girer. Bir köşeye oturur ve kimse ile oynamaz. Gitme vaktine kadar da yerinden kalkmaz. Oturduğu yerde tırnaklarını yemeye başlar. Hiç bu kadar korkmamıştır. Anne o an çocuğuna ne kadar büyük zarar verdiğinin farkında bile değildir.

Anne o an başarılı olduğunu düşünür. Çünkü ilk defa Ahmet'e uzun süreli söz geçirebilmiştir ve Ahmet ilk defa yerinden kalkmadan, kimseye zarar vermeden oturuyordur.

İlerleyen günlerde Ahmet'i annesi sürekli bu şekilde tehdit etmeye devam etti. Onun tehdit ettiği yetmiyormuş gibi baba, babaanne, hala, amca yani çocukla ilgilenen kim varsa hepsi çocuğun en ufak taşkınlığında *"Seni odaya kilitleriz"* diye tehdit etmeye başladı. Çocuk o günden sonra gerçekten de kimseye vurmadı. Kimsenin malına, çocuğuna zarar vermedi. Tam annesinin istediği gibi, çocukta vurma davranışı söndü. Azıcık birilerinin canını sıksa ellerinde kozları hazır nasıl olsa:

SENİ ODAYA KİLİTLERİZ!

Bundan sonra Ahmet, kimsenin malına ve çocuğuna zarar vermeyen, öz güveni kaybolan, tırnak yiyen, en ufak bir olumsuzlukta tik geliştiren, karanlıktan korkan, altına kaçıran bir çocuk olmaya başlar. Ama güzel olan artık kimseye vurmuyor, taşkınlık yapmıyordu. İstenilen de bu değil miydi zaten? Hedefe giden her yol mubahtı. Anne kimseden iğneleyici sözler duymuyor, kimse iğneleyici bakışlar atmıyor, laf sokmuyordu. El âlem baskısı anne üzerinden kalkmıştı. Artık terzi kendi söküğünü dikebilmişti.

ASLINDA SÖKÜK DİKİLMİŞTİ AMA BAŞKA BİR YERDE KOCAMAN BİR YIRTIK OLUŞMUŞTU.

Ahmet yaşamış olduğu travma ile artık bambaşka bir çocuktu. Kapılar arkasında kalmak onu çok ürkütmüştü. O kapının bir daha hiç açılmayacağını sandı. Hayal dünyası çok geniş olduğu için belki odada yaratıkların gelip onu yok edeceğini düşündü. Ahmet uçurumdan aşağıya atılmış ve çok ciddi yaralar almıştı. Üstelik her seferinde, ailesi tarafından o uçurumun kenarına götürülüp bir daha aşağı atılmakla tehdit ediliyordu. Ahmet, o günden sonra herhangi bir odada kapısı kapalı kalamadı. Tuvalete gittiğinde bile kapıyı kapatamadı. Ailesi, onu hiçbir yerde bırakamadı. Çünkü Ahmet o gün sadece beden olarak kilitlenmedi, ruh olarak da kilitlendi. Öz güveni, başarma duygusu, inancı, hayalleri o kapının arkasında kaldı. Üstelik sürekli tehdit edilerek bu daha da pekiştirildi.

Ahmet ne zaman bir şeyden rahatsızlık duysa parmaklarını ağzına götürüyor ve saatlerce ağzından çıkarmıyordu. Bir kenarda saatlerce tırnak yemesi, arada altına kaçırması, kapalı kapılar arkasında kalamaması annenin bir şeylerin ters gittiğini anlamasını sağlamıştı aslında ama o da bunun sorumlusu olarak kendini görmek istemiyordu. Ne yapmıştı ki... Dövmemiş, sövmemişti. Sadece birkaç dakika onu odaya kilitlemişti. Şiddet illa vurmakla, dövmekle, sövmekle olmuyor. Psikolojik şiddet, çocukların çok ağır travmalar geçirmelerine sebep olabilir. Bu olayda yaşandığı gibi...

Neyse ki baba, bir süreden sonra çocuğun yaşadığı travmayı fark eder ve kimsenin bir daha Ahmet'i tehdit etmesine izin vermez. Bu arada çocuk için ne yapabilirim, bu durumu nasıl düzeltebilirim diye araştırmaya başlar. Ortak bir arkadaşımın önerisi ile beni aradılar, durumu anlattılar ve yardım istediler. Sonra eşi ile görüşmeye geldiler. Olayı nasıl yaşadıklarını ve sürecin nasıl ilerlediğini en ince ayrıntısına kadar anlatmalarını istedim.

Duyduğum şeyler beni çok etkilemişti. Önce anne ve babaya Ahmet açısından olayları değerlendirip anlatmaya çalıştım.

"Çocukların yaratıcılıkları çok kuvvetlidir. Yaratıcılığını hangi alanda kullanırsa onunla ilgili çok ciddi fikirler üretebilirler. Soyut düşünme becerilerine sahip olamadıkları için de her hayali zihninde somutlaştırır ve buna inanır. Bu olumsuz inancı da hayatları boyunca yanlarında taşırlar."

Ben 12 yaşıma kadar geceleri anne ve babamın yanına giderdim. Çünkü yaratıkların, canavarların varlığına inanırdım. Ben küçükken Ramazan davulcularından da çok korkardım. Bir de at arabasıyla süt getiren amcadan. Çünkü annem sürekli beni: *"Sokakta yalnız kalırsan sütçü kaçırır, davulcu kaçırır, seni evine götürür keser"* diye korkuturdu. Beni gerçekten korkutmayı başarmıştı. Ne sokakta ne evde ne de odamda yalnız kalabilirdim.

Ama zararı hep ona dokundu. Yıllarca kocaman kızla aynı yatakta yatmak zorunda kaldı.

Genç kız olmaya ve aklım bir şeylere ermeye başlayınca kendi hür iradenle gece yanlarına gitmeme kararı aldım. Ama bu sefer de odamın kapısı hep açık yattım. Onların da kapısını kapattırmadım. Hem de 18 yaşıma kadar.

Anne ve baba için sıradan bir hareket, çocuk için büyük travma olabiliyor maalesef. Hala evde yalnız kalmaktan korkarım. Çocukluğumda yüreğime ekilmiş korku tohumu benimle birlikte büyüdü. Eskisi gibi korkmuyorum ama yine de evde yalnız kalmak beni çok tedirgin eder. Koca kadın oldun hala korkuyorsun diye çok gülerler bana.

Ama Ahmet'le bunu aşacağımıza inanıyordum. Çünkü farkındalığı çok yüksek bir çocuk. Bana küçük yaşta müdahale edilseydi belki yüreğimdeki korku tohumları büyümeden kuruyabilirdi. Ahmet'in zihni yaratıcı fikir üretme konusunda çok iyi çalıştığı için yarattığı kaygı ve korkuyu çok derin yaşadı. Anne çok üzüldü tabii. Hiç olayın bu kadar büyüyüp çocuğunu olumsuz etkileyebileceğini düşünmediğini ve bundan dolayı duyduğu üzüntüyü ağlayarak ifade etti. Durumu nasıl düzeltmeliydi, ne yapmalıydı? O an kendini çok çaresiz ve yetersiz hissetti. Yüreği evladına vermiş olduğu zararla eminim çok yanıyordu. Ama hiçbir şey için geç değildi. Neticede o da bir insandı. Hata yapabilirdi. Hangi anne bunu bile bile yapar?

Çocuk büyütmek bir sanat ve biz bu sanatı deneme yanılma yoluyla öğrenebiliyoruz bazen. Yaşadığı travma çocuğu hayatı boyunca nasıl etkiler bilemiyorum, bunu zaman gösterecek. Ama şu an aldığımız önlemlerle çocuğun kaygılarından ve korkularından büyük oranla kurtulmasını sağlayabiliriz. Bu kaygı ve korku tohumu yüreğinde daha fazla büyümeden kurutabiliriz. Yerine yepyeni tohumları sevgi ve anlayışla ekebiliriz. Aile bu aşamada eğitmen ile işbirliğini çok iyi yapmalıdır. Biz Ahmet ile ilk görüşme seansında çok iyi ikili ittifak kurabildik.

Ahmet süper kahramanları çok seviyormuş, bunun tüyosunu daha önceden aileden almıştım. Seansa girmeden önce birkaç tane süper kahraman aldım. Ahmet masanın üzerinde kahramanları görünce çok sevindi.

Çocuklar ile aynı dili konuşmak onunla olan ilişkilerinizi olumlu yönde etkiler. Siz de çocuğunuz ile bozulan ilişkilerinizi düzeltmek istiyorsanız önce onun zevk aldığı konular hakkında bilgiler edinin. Benim süper kahramanlar hakkında fikir sahibi olmam, Ahmet'in benden hoşlanmasını ve aramızda bir bağ oluşmasını sağlamıştı. Ahmet ile görüşmemiz bittikten sonra süper kahramanları Ahmet'e verdim. Evde 20 dakika ailesi ile birlikte oyun kurmalarını istedim. Oyunla aile ve çocuk arasında yeniden bir bağ oluşmaya başlayacak ve aralarında güvenli bağlanmanın temelleri bir daha atılmış olacaktı.

Süper kahramanlar çocuklar için uygun değil diye düşünebilirsiniz. Eğer çocuk bunlardan zevk alıyorsa onunla lego oynayarak aranızda bir bağ oluşmasını sağlayamazsınız. Çocuğun kanalından girerek en doğru ittifakı sağlamış olursunuz. Bir çocuk ile sağlıklı bağ kurmanın birinci kuralı onunla aynı dili konuşabilmektir.

Anne ve babanın çocuk ile oyun oynaması, bu oyunlar esnasında oyunu çocuğun yönlendirmesine izin vermesi çocukta birçok travmayı iyileştirebilir. Çünkü çocuk kendini en iyi oyunla ifade eder ve en hızlı şekilde oyunla iyileşir. Anne, baba ve çocuk arasında kurulan olumsuz bağ burada yeniden yapılandırılabilir. Çocuk oyun esnasında kaygılarını ve korkularını ortaya koyar, kendini ifade eder, çarpık düşünceler sağlıklı düşünceler ile yer değiştirilir.

Ahmet'in en büyük korkusu karanlık ve kapalı kapılardı. Ahmet ikinci seansa geldiğinde onunla sadece oyun oynadık. Oyuncaklara rol model vererek canlandırma yapmasını istedim. Ahmet'in süper kahramanlarından, kutu içine sıkışmış çocuğu kurtarmasını istedim. Bu esnada kutu içindeki çocuğun neler hissetmiş olabileceğini konuştuğumuzda onun kaygılarını ve korkularını daha iyi anlamış oldum. Kutu kapanınca içeriye hayaletler girmiş, çocuğu boğmaya çalışmış. Odadaki oyuncaklar ve eşyalar canlanmış bıçakla çocuğu öldürmeye çalışmış.

– Sen hiç hayalet gördün mü?

– Gördüm.

– Nasıldı? Çok merak ediyorum. Ben hiç görmedim.

– Ben onu öldürdüm. Artık yok. Ama bir daha gelirse yine kocaman bıçakla öldürürüm.

– Hayalet öldüyse o zaman kutudaki çocuğun korkmasına gerek yok.

Şaşırdı ve yüzüme baktı:

– Gerçekten mi?

– Evet gerçekten.

Çocuğa bu aşamada *"Hayalet diye bir şey yok, sen uyduruyorsun"* gibi cümlelerle yaklaşmak, çocukta onu anlamadığınız düşüncesi uyandırır. İnandığı şeyin yanlış olduğunu anlatmaya çalışmanın hiçbir faydası olmaz hatta sizinle olan ilişkisini olumsuz yönde etkileyebilir. O yüzden doğru olanı göstermeye çalışırken bunu daha somut örneklerle yapmanız gerekiyor.

– Hadi bakalım Ahmet, çocuğun uykusu gelmiş, çok yorulmuş, uyusun mu artık?

– Uyusun.

– Çocuk nerede uyusun?

– Odasında.

– Kiminle uyusun?

– Tek başına.

– Tamam, koyalım kutuya çocuğu, kapağını kapat uyusun.

– Ya korkarsa? Kapağını kapatmayalım.

– Tamam, kapatmayalım Ahmet. Peki kapatırsak ne olur?

– Korkar, belki hayaletler bir daha gelir.

– Sen nerede yatıyorsun?

– Bazen odamda yatıyorum. Ama annemle yatmayı daha çok seviyorum.

– Neden annenle yatmayı çok seviyorsun?

– Çünkü annem beni hayaletlerden korur.

– Sizin evde hayalet var mı?

– Var.

– Size gelsem beni tanıştırır mısın? Çok merak ediyorum.

Ahmet hem şaşırdı, hem gülmeye başladı.

– Sen çok komik bir ablasın. Ama hayaletlerle tanışılmaz ki.

– Belki tanışılıyordur, deneriz. İstemezlerse tanışmayız.

Kafası karıştı Ahmet'in. Çünkü bu zamana kadar anne ve babası sürekli evde hayalet olmadığını boş yere korktuğunu anlatıp durmuş. Ama şimdi biri çıkmış beni tanıştır diyor.

– Ben size bu akşam gelsem tanıştırır mısın?

– Olurrrr...

Akşam -karanlık olduktan sonra- evlerine gittim. Kapıda beni Ahmet karşıladı. Çok heyecanlı olduğu her halinden belli oluyordu.

– Hoş geldin abla.

– Hoş bulduk, Ahmetciğim.

Birlikte içeriye girdik.

– Ahmet bana odanı gösterir misin? Çok merak ediyorum.

– Tabii abla.

Odasına geçtik. Bana, yatağını ve oyuncaklarını gösterdi. Birlikte oyuncakları ile oynamaya başladık. Oyunu, Ahmet istediği gibi yönlendirdi. Ben de onun istekleri doğrultusunda oyuna uyum sağladım. Ahmet, kapalı kapı arkasında kalmaktan korktuğu için bana kapıyı kapattırmadı.

– Ahmet kapıyı kapatabilir miyim?

– Kapatma abla.

– Neden?

– Kapatma işte.

– Kapatırsam ne olur?

– Belki açamayız.

– Açamazsak ne olur?

– İçeride kilitli kalırız.

Bu sorularla Ahmet'in çarpık düşüncelerini öğrenmeye çalışıyordum.

– İçeride kilitli kalırsak ne olur?

– Bir daha dışarı çıkamayız.

– Neden çıkamayız?

– Bilmem.

– Deneyelim mi? Kapıyı kapatalım bakalım ne olacak?

– Tamam, ama sen de yanımda kal.

– Tamam, merak etme buradayım.

Kapıyı kapattım ve Ahmet'e 30'a kadar saymasını ve sonra da kapıyı açmasını söyledim. Ahmet 30'a kadar saydı ve kapıyı açtı.

– Bak gördün mü? Kapıyı açtık, hiçbir şey olmadı. Bir daha deneyelim mi?·

– Olur.

– Ama bu sefer 100'e kadar sayalım. 100 deyince kapıyı aç.

– Tamam.

Ahmet başladı saymaya. 100 deyince kapıyı açtı.

– Peki, ben şimdi odadan çıksam sen kapıyı kapatıp 10'a kadar saysan sonra kapıyı açsan olur mu?

– Olmaz, korkarım.

– Neden korkarsın?

– Canavar ve hayaletlerden.

– Tamam, şöyle yapalım. Kapıyı kapatalım hatta ışığı da kapatalım. Canavar ve hayaletler gelince onlarla tanışırız, bakalım niçin geliyorlarmış.

– Tamam.

Kapıyı kapattık, tabii ışığı da. Beklemeye başladık. Kapının arkasında askı vardı, askıda da asılı kıyafetler. Kapının arkasını göstererek, "Orada bir şey var" dedi. Elinden tuttum, kapının arkasına geçtik.

– Yanındayım, merak etme, gördüğün şeyi tut.

– Tamam. Tuttum.

– Bırakma, bakalım tuttuğun şey neymiş.

Işığı açtım. Elindeki annesinin pantolonuydu. Gülmeye başladı.

– Aaa! Pantolonmuş.

Ahmet'in yüzünden rahatladığını hissetmiştim.

– Bir daha kapatalım mı ışığı.

– Olur, çok eğlenceli bir oyun.

Işığı bir daha kapattık. Yeniden hiç sesimizi çıkarmadan beklemeye başladık. Bu sefer dolabın üstünde bir şey gösterdi.

– Tamam, ışığı bir daha açalım. Bakalım neymiş.

Işığı açtık. Bu bir oyuncak kamyondu. Yeniden gülmeye başladı.

– Ben onu canavar sanmıştım. Kamyonmuş.

– Ahmetciğim karanlıkta gözlerimiz iyi göremez. O yüzden eşyaları olduğundan daha farklı görüp farklı şeylere benzetebiliriz. Işığı açtığın zaman onun aslında ne olduğunu anlayabilirsin. Seninle karanlıkta eşya tanıma oyunu oynayalım mı?

– Olur.

Işığı kapatmadan önce etrafıma iyice baktım. Ahmet'i önce perdenin yanına götürdüm. Salladım ve ne olduğunu sordum.

– Perde, diye bağırdı.

Ama sesinden anlıyordum, onu kaygılandıran her şey şimdi eğlendiriyordu. Sonra birkaç eşyanın yanına götürerek ne olduğunu tahmin etmesini istedim. Hepsini hiç şaşırmadan bildi.

– Oyunumuz bitti Ahmet. Şimdi ışığı açalım mı?

– Açmayalım. Çok eğlenceli bir oyun.

– Tamam, şimdi seninle başka bir oyun oynayalım. Şimdi sen odadan çıkacaksın. Ben bu küçük topu bir yere saklayacağım. Sonra kapıyı sana geri açacağım. Sen odanda bu topu bulmaya çalışacaksın.

– Tamam, dedi heyecanla.

Ahmet odadan çıktı. Topu yorganın altına sakladım ve kapıyı açarak onu içeri aldım. Ahmet birkaç yere baktıktan sonra topu buldu.

– Şimdi sıra sende, topu sen saklayacaksın, ben bulacağım.

– Tamam abla. Ayy, çok güzel bir oyun!

Ben odadan çıktım, Ahmet KAPIYI KAPATTI. Oyuncağı sakladı ve kapıyı açarak beni içeri çağırdı.

– Ahmet seni tebrik ediyorum.

– Neden abla?

– Odada tek başına kalabildiğin için.

– Artık korkmama gerek yok ki onlar sadece eşya.

Anne ve babası Ahmet'i alkışladı. Ona sarıldılar ve annesi özür dileyerek:

– Seni bir daha asla kilitlemeyeceğim, söz veriyorum, dedi. Her şey için senden çok özür dilerim. Seni çok seviyorum. Sen bizim için çok değerlisin. Canımızsın, bir tanecik oğlumuzsun.

Anne hem yaptığı hatanın pişmanlığını hem de bu krizin çözülmesinin sevinci ile gözyaşlarını tutamıyordu. Bu olay anne ve babaya çok önemli bir ders olmuştu.

Ahmet ile yapmış olduğumuz birkaç seanstan sonra birçok sorunu çözülmüştü. Birtakım krizlerin çözülmesi de zaman içerisinde olacaktı. Anne bir ay sonra beni aradı.

– Size nasıl teşekkür edeceğimi bilemiyorum. Ahmet, yine eski Ahmet oldu. Eskisi gibi meraklı, güvenli, araştırmacı, hareketli ve geveze... Ama ben eski annesi değilim. Kimse umurumda değil. Ben başkalarını mutlu etmeye çalışırken, el âlem ne der diye kendimi yerken insanlara çocuğumu iyi göstermeye çalışırken az daha evladımdan oluyordum. Artık kimse umurumda değil. Biz çok mutluyuz böyle. Bütün haylazlıkları birlikte yapıyoruz artık. Bizden rahatsızlık duyanlarla da görüşmüyoruz. Her şey için çok teşekkür ederiz.

Bu yaşanan olayda eminim birçoğunuz kendinizden bir şeyler buldunuz. Çocuk fıtratı gereği kaygılı olabilir ya da hiç kaygılı olmayabilir. Aşırı kaygı ve korku doğuştan getirdiğimiz bir davranış değildir. Sonradan öğrendiğimiz ve pekiştirdiğimiz bir davranıştır. Kararında olan kaygı bizi hayatta tutar. Ama çocuğu kaygı ve korku ile terbiye etmek, aşırı kaygı ve korkuya zemin hazırlamak çocuklarımıza yapabileceğimiz en büyük kötülüktür. Korku, hiçbirimiz için olumlu bir duygu değildir. Çocuklar için hiç değildir. Korkutarak bir şeyleri düzeltemezsiniz. Hatta daha beter bozarsınız.

Geçenlerde bu olayı bir arkadaşıma anlatmıştım. O da bana, kuzeni 3 yaşındayken altına her kaçırdığında yengesinin çakmağı yakıp kuzeninin poposuna yaklaştırarak, *"Senin poponu yakarım!"* diyerek tehdit ettiğini söyledi. Şok oldum. Hatta kibriti yakıp, ateşini söndürüp sıcağı ile çocuğun poposuna değdirdiğini anlattı.

Bazen anne ve baba olarak insanların nasıl bu kadar canileştiklerini anlayamıyorum. Hangi duygular bunu bir insana yaptırır? Arkadaşım, *"Bu sahne karşısında ben dehşete kapılmıştım, kuzenim neler hissetti kim bilir?"* dedi. Ne hissedebilir ki: ÇOK DERİN KORKU. Bir de çocuk için en kritik dönem. Tuvalet eğitimi ne kadar önemli çocuklar için. Resmen çocuğun geleceğine bir balta atılmış. En sabır gösterilmesi gereken süreçte ateşle tehdit... Ne kadar büyük bir travma sebebi. Çocukları korkutarak tehdit etmek, hayatları boyunca mücadele etmek zorunda kalacağı travmalar yaratır. Bunu asla unutmayalım.

Sevgili anne ve baba, lütfen çocuklarınızı korkutmayın. Çocuklar çok masum. Bizler gibi algılayamıyorlar olayları. Biri boğazına bıçak dayayıp sizi korkutsa ne hissederdiniz? Siz ne hissederseniz çocuk da siz onu korkuttuğunuzda aynı şeyi hisseder. Çocuklarınıza yaklaşırken, sorunlarınızı çözmeye çalışırken lütfen empati kuralım. Küçük insancıklar onlar unutmayalım.

Üstelik hayatı yorumlamaya ve anlamaya çalışan küçük insancıklar. Siz onların hayatına nasıl manalar yüklerseniz onlar hayatlarını o manalar doğrultusunda yaşayacaklardır.

SEVGİYLE ÇÖZMEK VARKEN KORKUTMAK NİYE?

"Hayallerimi Satın Almayın"

Bir gün bir öğrencim sınıfa ağlayarak geldi. Annesi kapıda ikna etmeye çalışıyor ama yok, çocuk Nuh diyor peygamber demiyor. Önce gelmek istemediğini düşündüm ve annesinin ikna etmesini bekledim. Bir süre uzaktan izledim. Bizim çalıştığımız yaş grupları küçük olduğu için zaman zaman böyle şeyler yaşanır. En ufak bir olumsuzlukta ertesi gün okula gelmek istemezler ve mazeretleri genelde bizim için komik, onlar için büyük meseleler olabiliyor. *"Arkadaşım oyuncak toplattırıyor bana"* deyip gelmek istememeleri gibi mesela.

Bir de ağlama işi bu yaş grubunda grip gibi anında bulaşıyor. Biri ile ilgilenmeye başlayınca sayı birden üç beş oluveriyor. Sonra vur patlasın çal oynasın. Tabii mevzu bu sefer farklı, çocukla birlikte anne de ağlamaya başlayınca anladım. Hemen yanlarına gittim ve ne olduğunu sordum. Ben gidince yanlarına çocuk hemen sınıfa kaçtı. Köyde yaşayan çocuklar hep çok mahcuptur zaten, en ufak bir şeyde kaçarlar yanınızdan. Neyse anneye sordum ne olduğunu. Anne önce mahcup oldu, nasıl anlatacağını bilemedi. Utana sıkıla da olsa mevzuyu anlatmaya başladı.

Bizim okulun yanında küçük bir tuhafiye vardı, çocuk orada kapüşonlu bir hırka görmüş ve annesinden istemiş. Neden bir hırka için bu kadar ısrar eder ki bir çocuk, diye düşünürken annesi kapüşonlu bir hırkayı ilk defa gördüğünü söyledi. Şimdiki çocukları düşününce... Tabii anne de köy insanı işte, ancak karınlarını doyuruyor. Başlamış çocuğu oyalamaya. Süt satayım alacağım, ekmek yapayım alacağım, çorap öreyim alacağım. Tabii kadıncağız ekmek parası zor buluyor. En son olarak para biriktir demiş yavruya, o da yememiş içmemiş eline geçen her kuruşu biriktirmiş. Hırkanın fiyatı sekiz milyon (o zaman lira yok).

Paraları tasın içinde birikmeye başlayınca bir gün *"Ana, say bakam paramı kaç lira oldu"* demiş. Ana sayıyor dört milyon sekiz yüz bin. *"Hoca hanım iki aydır biriktiriyor. Her gün bu tuhafiyeye uğruyoruz satılmış mı duruyor mu diye bakıyoruz. Biraz parası birikti. Alayım da nasıl alayım hoca. Büyük oğlanı biliyorsun, kış günü okula terlikle geliyor, ona bir çift ayakkabı bile alamadım. Biz de biriken parayı dün alıp üzerine az daha ekleyip büyük oğlana iskarpin (ayakkabı) aldık. Dünden beri yıkıyor ortalığı. Ben ne yapayım hoca?"*

Baba sanırım sağlık durumundan dolayı çalışamıyor, annenin hiçbir geliri yok. Bir inek var, süt satıyor, bir de başkalarına ekmek yapıyormuş. O an yaşadığım hayal kırıklığını anlatamam, üzüntümü anlatamam. Tabii durur muyum, tuttum çocuğun elinden doğru tuhafiyeye... Hem kapüşonlu hırkayı aldık hem pantolon, bir de gocuk. Çocuktaki mutluluğu ömrüm boyu unutamam. Çocuk bundan sonra okula her gün o kapüşonlu hırka ile geldi. Kirlendiği gün yıkatır, annesine sobada kurutturur ve ertesi gün yine giyermiş. Annesine giymezsem öğretmenim üzülür belki dermiş.

Veeeeee... O gün söz verdim. Bir gün çocuğum olursa asla hayallerini para ile satın almayacağım. Vitrindeki bir çantanın, yeni bir ayakkabının, yırtık olmayan bir pantolonun hayalini kursun. Bu çocuk aylarca hayal etti, istedi, emek verdi, bekledi, sabretmeyi öğrendi ve elde edince sonuna kadar kıymetini bildi. Ben aylarca o yavrunun mutluluğunu izledim.

Şimdi düşünüyorum da bizim çocuklarımız yeni alınan bir hediyeye bırakalım saati, kaç dakika seviniyor? Biz yeni nesil anneler, çocukların istemelerine fırsat vermeden her şeyi üçer beşer alıyoruz. Çocuklarımız her şeyi emek vermeden elde ediyorlar. Neymiş aklı kalmasın, arkadaşında var onda da olsun, sonuçta imkânım var neden almayayım gibi bir sürü sebeple doğru yaptığımızı düşündüğümüz şey aslında onlar için kocaman bir yanlış!

Düşünmeden oyuncaklarına zarar veriyorlar. Neden? Çünkü yenisi hemen alınıyor. İki gözyaşı döktüler mi onlar için yapmayacağımız şey yok. Dünyayı seriyoruz önlerine. Peki, hiç düşündünüz mü hayat bizim kadar bonkör olacak mı acaba onlara? Belki gün gelecek parasız kalacak, zor şartlar altında hayatını sürdürecek. *"Yok"*u gören çocuk *"var"*ın kıymetini bilir ama hep *"var"*ı gören çocuk *"yok"*u çok kolay kabul edemez. Önceden yeni bir elbise ve ayakkabı bayramlarda alınırdı. Şimdi neredeyse her ay. Odalarımız oyuncaklarla dolu, dolaplarımız kıyafetlerle ama ruhlarımız maalesef bu kadar dolu değil.

Her şeyin değeri artık 10 dakika. Sevgimizin de malımızın da...

Her şeyi çok kolay elde edip çok kolay sıkılıyoruz...

Peki *NEDEN?*

Çünkü bizler istemeden almayı, *HAYAL* etmeden ulaştırmayı, emek vermeden kazandırmayı analık babalık sayıyoruz.

Şimdi benim iki tane oğlum var. Ben de birçok hataya düşüyorum elbet ama elimden geldiği kadar frenlemeye de çalışıyorum kendimi.

Geçenlerde bir gün abimin evine gittik. Abimin oğlu lösemi hastası olduğu için bu tür hastalara derneklerden vakıflardan çok fazla oyuncak yardımı geliyor. Benim oğlan içeri bir girdi, oooo hayatında bu kadar oyuncağı bir arada görmedi tabii! Büyük bir hevesle oynadı onlarla. O gece yattığımızda (her gece günün kritiğini yaparız tabii oğlum isterse):

– Anne, Hakan dayım çok zengin değil mi?

– Neden sordun Kerem?

– Said'in bir sürü oyuncağı var baksana. Benim hiç o kadar oyuncağım olmadı. Ama bir gün bizim de paramız olursa belki benim de olur değil mi anne?

– Belki de olur oğlum, dedim.

Aslında biraz içim buruldu ama çok sevindim çünkü oğlum o akşam farklı oyuncaklara sahip olabilme hayalleri ile uyudu ve para ile oğlumun *HAYALLERİNİ* satın almamıştım, bir kere daha gördüm.

Bu arada bir aydır yırtık ayakkabı ile okula gittiği doğrudur. Ama biliyor musunuz bana hiç *"Neden ben yırtık ayakkabı ile okula gidiyorum?"* demedi. Merak içinde bekledim ne zaman soracak diye ama hiç sormadı. Dayanamayıp bir gün artık ben söyledim *"Kerem ayakkabının yırtık olduğunu biliyorum ama yakında yenisini alacağım."* dedim. *"Olsun anne biliyorum yırtık olduğunu, paran olunca alırsın."*

Ne kadar mutlu oldum, anlatamam. Onun için doğrusunu yapabilmişim. Bizim mesela iki ayda bir oyuncak alma hakkımız var. O da oyuncaklarına zarar vermezse. Bir de yılda bir kere gelişimlerine uygun eğitici oyunlar ve oyuncak için benim yapmış olduğum bir alışverişimiz var. İki çift ayakkabıları olmadı mesela hiç. Kışın bir tane yazın bir tane. Yiğit, abisinden küçülenleri de giyiyor bazen ama ona da mutlaka yeni bir çift alıyorum. Karşıyım ben sürekli olarak büyüğün eskilerini küçüğün giymesine.

Mesela bir şey için ağlıyorlarsa onu peşinen kaybetti demektir. Asla çarşıda, pazarda ısrar edemez çünkü bilir ne zaman nerede ne alınacağını. Bunu nasıl başardın diyorsunuzdur belki şu an. *Kararlı davranarak.* Bizde bir kere evet dendiyse o mutlaka alınır ama bir kere hayır dendiyse o asla alınmaz ya da yapılmaz. Çocuk da bu tutarlılıktan dolayı ısrar etmez.

Mesele o kadar karmaşık değil aslında, karmaşık olan bizim tutarsız davranışlarımız ve gereğinden fazla göstermiş olduğumuz hassasiyet. Her şey kararında güzel...

"Bana Her Baktığında
Kendini Görürsün"

Ali ile evimin arka sokağındaki bakkalın önünde tanıştık. Çocuklarımla arka sokaktaki bakkaldan dondurma almaya gittiğimde Ali arkadaşları ile birlikte bakkalın önünde oynuyordu. Kerem, kapının önünde çocukları görünce,

– Buradaki çocuklara da alalım anne, canları çeker belki, dedi.

– Tamam Kerem alalım.

Kerem içeri girdi. Kaç tane dondurma alması gerektiğini söyledim. Eline para verdim. Ben de onu dışarıda beklemeye başladım. (Bu arada Kerem ile bakkaldan bir şey almaya gittiğimizde ben genelde dışarıda beklerim. Çünkü Kerem, bu alışverişi tek başına yaparsa başarma duygusunu yaşar, öz güveni desteklenmiş olur.) Ben de bakkalın önünde oynayan çocukları izlemeye başladım. Bir anda çocuklardan birinin ağzından çıkan küfürle şok oldum. Hatta küfürlerle. Çocuk arkadaşlarına durmadan küfür ederek konuşuyordu. Hem de efsane bir şekilde. Çocuk, resmen bu konuda yaratıcılığını kullanmış. Hayatımda duymadığım küfürleri o gün o çocuktan duydum… Çocuğu belli bir süreden sonra dayanamayıp yanıma çağırdım.

– Merhaba, tanışabilir miyiz?

– Merhaba, ama annem yabancılarla konuşma, dedi.

Annesi yabancılarla konuşmaması gerektiğini anlatmış ama neden küfür etmemesi gerektiğini anlatamamış.

– Haklısın, annen doğru olanı söylemiş. Ben sadece senin adını merak ettim. Yabancılarla konuşmaman ve onlar seni bir yere götürmek isterlerse kesinlikle onlarla gitmemen gerekir.

– Tamam, benim adım Ali.

– Memnun oldum Ali. Ben de Dilek. İzin verirsen sana bir şey sormak istiyorum.

– Tabii, sorabilirsin abla.

– Biraz önce arkadaşlarınla konuşurken duydum seni, bazı kelimelerin beni çok rahatsız etti. Bu kelimeleri kullanmak arkadaşlarını üzebilir ve diğer insanları rahatsız edip insanların senin hakkında güzel olmayan şeyler düşünmesine sebep olabilir. Benim oğlum da bazen sokakta bu tarz kelimeler duyuyor. Ama o bunun yanlış bir kelime olduğunu öğrenince bir daha söylemiyor. Bunların yanlış kelimeler olduğunu sana kimse söylemedi mi?

Çocuk biraz utandı, kafasını önüne eğdi. Aslında kendisi de farkında kullandığı kelimelerin hiç hoş olmadığının. Çok da hareketli bir çocuğa benziyor, yerinde duramıyor. Bana cevap verirken bile kıpır kıpır.

– Aslında annem çok kızıyor. Ama küfür edince dayım bana para veriyor. Küfür et sana para vereceğim diyor. Hem babam da küfür ediyor.

* * *

Hilal sınıfımın en hareketli çocuklarından biridir. Okula başladığı ilk günlerde sürekli arkadaşlarına zarar veriyordu. Saçlarını çekiyor ve tırmalıyordu. Birkaç gün geçtikten sonra ailesi ile hemen bir görüşme ayarladım. Anne ve baba bana görüşme esnasında şunları anlattılar.

– Hilal aslında böyle bir çocuk değildi. Kardeşi olduktan sonra Hilal ile çok ilgilenemedim. Kardeşi bir aylıktı. Ben mutfakta yemek yaparken kardeşinin yüzünü tırmaladı ve kanattı. Çocuğun suratını görünce şok oldum… Çok kötü tırmalamıştı hocam. Hemen Hilal'i oturttum. Tırnaklarını kestim. O öfkeyle, tırnaklarını biraz içeriden kestim, canı acısın bir daha yapmasın diye. Ama Hilal, o günden sonra herkesi tırmalamaya ve herkese vurmaya başladı. O, arkadaşlarını ve kardeşini tırmaladıkça, ben de dibinden tırnaklarını kestim. Aslında korkuyor bana yalvarıyor. *"Ne olur anne kesme, söz bir daha kimseye zarar vermeyeceğim."* diyor, ama yine yapıyor.

* * *

Oğuz 2 yaşından beri tırnak yiyordu. Annesi bir gün ona 7 tane boğumu olan bir tırtıl çizdi. Tırnağını yemediği her gün, bu tırtılın gövdesinden bir boğum boyayacağını söyledi. Yedinci gün sonunda tırtılın bütün gövdesi boyanmış olursa tırnakları uzamış olacaktı. Tırnaklarını uzatabilirse, okulda *"Artık tırnaklarımı yemiyorum partisi"* yapacağını ve tırnaklarını bu partide keseceğini söyledi. Oğuz ilk günler biraz zorlandı ama bir hafta boyunca da tırnaklarını yemedi.

Annesi ona söz vermiş olduğu gibi okulda bir parti yaptı. Tırnak yemenin zararları hakkında konuştular. Oğuz'un tırnaklarını, annesi, arkadaşlarının yanında kesti. Arkadaşları Oğuz'u tebrik etti. Pasta kestiler. Arkadaşları Oğuz'u alkışladı. Hepsi tebrik etti. Bu kutlamanın üzerinden 6 ay geçti ve Oğuz hala tırnaklarını yemiyor.

* * *

Ayşe ile Fatma iki kardeş. Ayşe, Fatma'nın ablası. Ayşe kardeşini çok sever, birlikte çok güzel oyun oynarlar. Kardeşi de ablasını çok sever. Oyuncak için kavga etmezler. Ederlerse bilirler ki anneleri o oyuncağı ortadan kaldırır, ikisi de oynayamaz. Ağlayarak bir şeyler yaptırmaya çalışmazlar çünkü ağladıkları zaman asla istekleri yerine gelmez. Anneleri, onlarla sebepsiz yere ağladığı zaman değil, sakinleştikleri zaman ilgilenir. Birine *"Sen haklısın"* deyip diğerine *"Haksızsın"* demez. İkisiyle de aynı anda doğru ve doğru olmayan davranışları hakkında konuşur. Rekabet duygusu oluşturmaz. Birbiri ile oynadıkları her an yanlarına giderek onlarla gurur duyduğunu, harika iki evlada sahip olduğunu söyler. Oyun oynarken birbirlerine karşı saygılı, paylaşımcı davrandıkları için çok mutlu olduğunu, bunun çok doğru bir davranış olduğunu sürekli dile getirir. Eve gelen herkese onlarla gurur duyduğunu anlatır. Çocuklar da bu övgülerin ve pekiştir-melerin vermiş olduğu mutlulukla birbirlerine ve çevresindeki diğer insanlara karşı hep saygılı ve paylaşımcı davranmaya ça-lışırlar.

* * *

"Ne bu hocam, biz bir şey anlamadık" diyorsunuz değil mi? Birbiriyle bağlantısı olmayan farklı farklı olaylar anlattım. Her olayda aslında bir davranışın nasıl oluştuğu, bu davranışım de-vamlılığını ve görülme sıklılığını etkileyen faktörler anlatılıyor.

Bu faktörü düşünün bakalım nedir?

Buldunuz mu?

BİZLERİN BU DAVRANIŞLARI PEKİŞTİRMESİ'dir...

Çocuklar dünyaya tertemiz bir sayfa olarak gelirler. Mizaç-ları ve çevresinde karşılaşmış olduğu uyaranlar doğrultusunda öğrenme gerçekleştirirler. Bu öğrenmelerde pekiştirilmelerin et-kisi çok büyüktür. Çocuğunuzda hangi davranışı pekiştirirseniz, çocukta bu davranışı çok sık görmeye başlarsınız. Yukarıdaki örneklerde olduğu gibi...

Evlendiğimiz ilk yıllar eşime bir gün çanakta köfte yapmış-tım. Eşim bunu çok severek yedi. Bana da yerken sürekli,

– Harika olmuş Dilek, bu köfteden sık sık yap. Ellerine sağ-lık. Daha önce hiç bu kadar lezzetli bir köfte yememiştim.

Artık nasıl pekiştirildiysem iki günde bir köfte yapmaya başladım. Çünkü sürekli o övgüleri duyup pekiştirilmek istiyor-dum. Bendeki şımarıklığa bak. Her gün adama köfte yap, sonra pekiştir beni diye bekle. Her yaptığımda yemeği kocamın önüne koyuyor, bana övgüler yağdırsın diye bekliyordum. Tabii adam bir gün isyan etti. Yeni evliyiz o aralar, beni kırmamaya da çalışıyor.

– Tamam, harika köfte yapıyorsun. Ama bu sürekli köfte yapacağın anlamına gelmesin. Merak ediyorum başka yemekleri de bu kadar güzel yapabiliyor musun?

Azıcık utandım ama ne demek istediğini de anladım. Adam bana kibarca,

"YETER KÖFTE YEMEKTEN BIKTIM" demek istedi.

Eşim beni pekiştirmeyi bırakınca ben de köfte yapmayı bıraktım.

İşte görmüş olduğunuz gibi çocuk da olsak yetişkin de olsak hangi konuda pekiştiriliyorsak yani övgü alıyorsak o davranışı daha fazla göstermeye başlıyoruz.

Çocuklarınızdaki problem davranışların oluşması ve devam etmesindeki en büyük faktörlerden biri davranışla ne ölçüde ilgilendiğiniz ve pekiştirdiğinizdir.

Yukarıdaki örneklerde bahsettiğimiz birinci çocuk Ali, dayısı tarafından sürekli para gibi güçlü bir pekiştireç ile pekiştirildiği için davranışın görülme ve tekrar etme sıklığı artmış. Biz Ali ile otururken annesi yanımıza geldi. Annesine, Ali ile aramızdan geçen diyalogdan biraz bahsettim. Anne, biraz mahcup olarak Ali'nin küfür etmeyi nasıl öğrendiğini anlattı.

– Ali konuşmaya yeni başladığı zamanlar dayımız sürekli küfür ettirir, sonra da çok gülerdi. İlk başlar bizim de hoşumuza gidiyordu. Biz de gülerdik. Sonra çocuk dayıyı gördükçe küfür etmeye başladı. Dayının bu durum çok hoşuna gitti. Hatta ara sıra para veriyordu. Bir gün çok kızdım. Çünkü artık sadece dayısını görünce değil, okulda, sokakta, her yerde küfür ediyordu. Öğretmeninden sürekli şikâyet gelmeye başladı. Küfür etmemesi gerektiğini kaç kere anlattık. Ama Ali vazgeçmedi. Babası dövdü, ben dövdüm ama yine de olmadı hocam, dedi. Çok utanıyorum ama önüne geçemiyoruz. Dayı sürekli, "Erkek adam küfür eder" deyip çocuğa daha beter örnek oluyor.

– Dövmekle veya bu konuda çocuğunuza kızmakla bu davranışın önüne geçemezsiniz. Dayı para gibi büyük bir pekiştireçle çocuğu motive ediyor. Sizin dayı ile konuşup para vermesine engel olmanız gerekiyor.

– Aslında herkes her şeyin farkında hocam ama kimse beni dinlemiyor, cehaletin önüne geçemiyorum. Çocuğa küfür ettirip bir de kahkahalar içinde gülüyorlar.

Küfür ettikçe çocuğa gülünmesi bu davranışın devamlılığını ve görülme sıklığını arttıran ikinci pekiştireç olmuş. Küçük çocuklarda mutlaka dikkat etmişsinizdir. Bir şey yaparlar. Siz komik bulur gülersiniz. Siz güldüğünüz için çocuk aynı hareketi sık sık yapmaya başlar. Mesela ağzına sigara alan bir çocuğun içme taklidi yaptığında yetişkinlerin bunu komik bulup gülmesi gibi. Aslında çocuğun yaptığı davranış yanlıştır. Ama bunu yapan küçük bir çocuk olduğu için size sempatik gelir ve gülersiniz. Farkında olmadan olumsuz bir davranışı pekiştirmiş olursunuz. Sonra Ali örneğinde olduğu gibi olay sizin kontrolünüzden çıkmaya başlar ve davranış kalıcı hale gelir.

Ali'nin bu durumu nasıl düzeltilebilir? Ali'ye verilen pekiştireçler kesilmediği müddetçe davranış görülmeye devam edecektir. Davranışın görülmesini destekleyen pekiştireç ortadan hemen kalkmalı. Pekiştireçler kesildikten sonra çocuğun küfür etme davranışı tamamen görmezden gelinmeli, bu davranışı ile ilgilenilmemelidir.

Bu arada şunu da ekleyelim. Bir davranışı destekleyen pekiştireç ortadan kalkınca, davranışın görülme şiddeti artar. Bu durum sizi korkutmasın. Davranışın sönmesine az kalmış demektir. Ali'nin küfür etme davranışı ile ilgilenilmeyince Ali, büyük ihtimal bu davranışını artıracaktır. Ama siz ısrarlı bir şekilde ilgisiz davranırsanız:

İLGİLENİLMEYEN DAVRANIŞ ZAMANLA SÖNMEYE MAHKÛMDUR.

Çocuk küfür ettiği zaman takdir ve ödül görmediği için zamanla küfür etmeyi bırakacaktır. Bu arada çocuktan istediğimiz doğru davranışı gördüğümüz her an pekiştirmeliyiz. Mesela, Ali küfür etmeden çevresindeki insanlarla doğru iletişime girdiği her an takdir edilmeli. Bu takdiri ilk zamanlar sık sık yapmalıyız. İstediğimiz davranış daha sık görülmeye başladıkça takdir etmenin ve ödüllendirmenin oranını yavaş yavaş düşürmeliyiz. Aynı ödülü sık sık bir çocuğa verirseniz ödül zamanla önemini yitirir.

Sizlerden örnek vermek gerekirse, eşiniz size her gün çiçek alırsa zaman içerisinde gelen çiçek, sizin için bir anlam ifade etmemeye başlar. Ama çiçeği belli aralıklarla alırsanız mutlu olursunuz. Sizin için bir anlamı olur.

"Arkadaşlarına karşı ne kadar kibarsın. Seninle gurur duyuyorum." gibi cümleler doğru davranışı pekiştirmenizde etkili olacaktır. Bu sayede olumsuz davranışı, olumlu davranış ile değiştirebiliriz.

* * *

İkinci örnekteki Hilal, kardeşini tırmaladığı zaman annesinin dikkatini çekmeyi başarmış. Hilal kardeşini tırmaladıktan sonra annesi Hilal'e ceza vererek Hilal'in bu olumsuz davranışını pekiştirmiş. Vermiş olduğunuz ceza ile de istenmeyen davranışın görülme sıklığını arttırabilirsiniz. Çünkü çocuk bu yöntemle sizin dikkatinizi çekmeyi başarmıştır. Sizin dikkatinizi çekmek de onlar için bir ödül niteliği taşır. Hilal'in kardeşi olduktan sonra anne hiç ilgilenmemiş Hilal ile. Ne zaman Hilal kardeşine zarar verse anne Hilal'in varlığını hatırlamış. Çocuk, her şekilde ilgi görmek ister. Gösterdiğiniz ilgi iyi mi, kötü mü diye bakmaz. O yüzden çok ilgisiz ailelerin atmış olduğu bir tokat bile onun için ilgi niteliği taşıyabilir. Çünkü o an sizinle temas vardır ve dikkatinizi bu şekilde çekmeyi başarmıştır.

Çocukluğunda sürekli babasından dayak yiyen bir arkadaşımla sohbet ederken bana "Babam bana sadece, beni döverken dokunurdu. Ne zaman onu özlesem, bana dokunmasını ve ilgilenmesini istesem yaramazlık yaparak beni dövmesini sağlardım" demişti. Hayatım boyunca unutamayacağım sözlerden biridir.

Ceza ile ödüllendirilmek...

Dayaktan gelen ilgi olur mu? Demek ki oluyormuş.

Çocuğunuzun olumsuz davranışlarında sakinliğinizi koruyun ve empati yapmasını sağlayın. Hilal'e annesi tepkisini şu şekilde vermiş olsaydı:

– Seni çok iyi anlıyorum. Kardeşin doğduğundan beri seninle vakit geçiremedik. Canın sıkılıyor ve yapacak bir şey bulamıyorsun. Sanırım kardeşinle oynamak istiyorsun ama o daha çok küçük. Seninle oyun oynayamaz. Ama sen istersen biz üçümüz oynayabiliriz. Fakat önce kardeşinden özür dilemen lazım. Kardeşinin canı çok acımış olmalı. Aynı hareketi sana başka biri yapsa ne hissederdin? Biri senin yüzünü tırmalasaydı eminim seninde canın çok acırdı.

Sizce Hilal kardeşini ve diğer çocukları tırmalamaya devam eder miydi? Bence etmezdi.

Hilal'in o an tırnakları dipten kesilmek yerine annesi tarafından sevgi ile dinlenilmiş olsaydı çocukta tırmalama davranışı pekişmemiş olacaktı. Çocukta davranışın görülme sıklığını artıran annenin o anki olumsuz tutumu ve çocuğun annesinin dikkatini çekebilmesidir.

Bu olayda, tepkilerimizle istemediğimiz davranışların nasıl pekiştiğini görmüş oldunuz. Olumsuz davranışa odaklanmak ve bu davranış hakkında sürekli konuşup cezalar vermek davranışı kalıcı hale getirir ve görülme sıklığını artırır. Bu yüzden olumsuz bir davranışla karşılaştığımız an, vermiş olduğumuz ilk tepki çok önemlidir. Burada vermiş olduğunuz tepki davranışın bir daha görülüp görülmeme olasılığını belirler.

* * *

Üçüncü örnekte ise aile, Oğuz'un olumsuz davranışına hiç odaklanmadan, sabırla beklemiş. Çocuk doğru davranışı gösterdiği zaman çocuğun ailesi, çocuk için önemli bir pekiştireç kullanarak doğru davranışı pekiştirmiştir. Oğuz, tırnak yerken ailesi kesinlikle onu uyarmadı. Çocuk kaygılı bir çocuk. Kaygı ile baş edemediği durumlarda tırnak yemeye başlıyor. Ailenin yanlış pekiştirmeleri veya olumsuz tavırlardan kaynaklanan bir durum söz konusu değil. Her zaman istenmeyen davranışın oluşmasında ve sık görülmesinde bir pekiştireç söz konusu olmayabilir. Kendiliğinden oluşup farklı sebeplerden dolayı devam eden olumsuz davranışlar da vardır. Bu örnekte olduğu gibi... Burada da sabırla bekleyip doğru davranış sergilendiği an, çocuk için büyük bir pekiştireç kullanılmalıdır. Çocuğu, "Tırnağını yeme" diye uyarmak ya da bu sebepten dolayı çocuğa öfkelenmek tırnak yeme davranışını kesinlikle çözmez. Çocuk daha uzun süre tırnak yer, hatta bunu yetişkinliğe taşır.

Olumsuz şekilde yaklaşmak, tırnak yeme davranışının şiddetini ve uzun süre görülme olasılığını arttırır. Doğru ödüllendirmeler ile davranışı ortadan kaldırabilirsiniz. Yukarıdaki örnekte olduğu gibi... Oğuz için arkadaşları ile parti yapmak etkili bir pekiştireçti. Ama başka bir çocuk için aynı etkiyi göstermeyebilir. O yüzden çocuğun ilgi alanını ve hoşlandığı konuları belirleyip kullandığınız pekiştireçlerin etkisini arttırabilirsiniz. Partiden sonra çocuk, bir süre daha ailesi tarafından başkalarının yanında övülmeye devam edildi. Uzayan tırnakları, diğer insanlara gösterildi. Bu insanların Oğuz'u takdir etmesi istendi. Böylelikle yeni kazandırılmak istenen davranışın kalıcılığının ve devamlılığının artması sağlandı.

* * *

Dördüncü örnek, asıl olması gerekendir. Problem davranışın oluşmasına izin vermeden sürekli olarak doğru davranışlar pekiştirilmelidir. Olumsuz davranış görmezden gelinmeli, adaletli davranılmalı, olumlu olan her davranış anında takdir edilmelidir.

Olayın özeti aslında şudur:

ÇOCUĞUNDA NEYİ GÖRMEK İSTİYORSAN O DAVRA-NIŞLA İLGİLEN VE O DAVRANIŞI ANINDA PEKİŞTİR.

Çocuğunuzdaki problem davranışların ortaya çıkmasında en büyük faktör ebeveynleridir. Sizler, dengeli ve tutarlı bir şekilde davrandığınızda, olumsuz davranışları sabırla görmezden gelip olumlu davranışları sürekli takdir ettiğinizde çocuğunuzda problem davranış görme olasılığınız da en aza inecektir.

ÇOCUĞUNUZU SÜREKLİ TAKDİR EDİN VE ONUNLA GURUR DUYDUĞUNUZU HER FIRSATTA SÖYLEYİN.

Her canlı takdir görmek ister, unutmayın! Bunlar sizler için de geçerlidir. Yalnız neyi takdir ettiğinize dikkat edin. Günlerce köfte yemek zorunda kalabilirsiniz.

Çocuklarımıza Karşı Neden Sabırlı Olmalıyız?

Devlet memurluğuna başlamadan önce özel eğitim merkezinde dört sene çalıştım. Hala da özel eğitim merkezimiz olduğu için özel gereksinimli çocuklarla birlikteyim. Bir gün arkadaşlarımdan biri bana telefon açıp arkadaşlarının çocuğuna atipik otizm teşhisi konulduğunu, ailenin çok kaygılı olduğunu, onunla görüşüp görüşemeyeceğimi sordu. Tabii dedim, elimizden geldiği kadar yardımcı olmaya çalışırız.

Anne yıkılmış, olayın şoku içerisinde görüşmeye geldi. Çocuk üç yaşında ve teşhis yeni konmuş. Anne hayatında otizm kelimesini bile duymamış, ilk defa böyle bir şeyle karşılaşmış ve ne yapacağını bilemiyor. Bir annenin gözündeki mutsuzluğu, umutsuzluğu, vazgeçmişliği gördünüz mü hiç? On iki yıldır özel gereksinimli çocuklarla çalışan biri olarak ben bunu çok gördüm. Önce annenin içini boşaltmasını, içinde ne varsa anlatmasını bekledim ve sonuna kadar dinledim. Onun konuşması bittikten sonra sordum. *"Ne olmasını istiyorsun ve eğitimden beklentin nedir?"* Bunu sordum çünkü yüreğinde olayı nasıl değerlendiriyor, çocuğunun ne kadar farkında merak ediyordum.

– *ANNE* desin, hocam başka hiçbir şey istemiyorum. Benim gözlerimin içine bakarak bana bir kere *ANNE* desin. Sonra ölsem de gam yemem. Benim tek çocuğum var, o da Fatih. Bu durumdan dolayı bir daha çocuk sahibi olmak ister miyim bilmiyorum. O yüzden bir kere *ANNE* dediğini duymak istiyorum.

Yüreğimin sıkıştığını hissettim. Ben de bir anneydim ve onun yüreğindeki bütün korku, kaygı ve acıyı hissedebiliyordum. Bir anne olarak istediği ne kadar masumdu. Çocuklarınız size defalarca *"ANNE"* derken bazen çok sıkılıyorsunuz ama bu size verilmiş ne kadar büyük bir nimet. İnsan bunu, yokluğunda daha iyi anlıyor. O an kendi kendime, Fatih'in anne diyebilmesi için elimden ne geliyorsa yapacağıma söz verdim.

Çocuğu ilk seansa aldım. Gayet parlak bir çocuk, biz *ANNE* diyebilmesinden daha iyisini bile yapabiliriz diye düşündüm ve yapacaktım. Bu düşünceye sonuna kadar inandım. Bu tarz çocuklarda göz kontağı çok zayıftır, hatta hiç olmayabilir. Önce göz kontağı kurmasını sağlayacak çalışmalar yapılması gerekir. Çünkü iletişimin birinci basamağı göz kontağıdır. Ama ben *ANNE* diyebilmesi için daha çok uğraşacaktım.

Çocukla birlikte her seansa anneyi de aldım ve sürekli annesine dokunarak anne dedirtmeye çalıştım. Günler geçmeye başladı, anne çok heyecanlı, acaba bugün der mi yarın der mi derken aradan iki ay geçti. Fatih hala anne diyemiyordu ama göz kontağı kurmaya başlamıştı. Asla ben umudumu yitirmedim.

Her derse girmeden önce dua ediyordum. Ne olur bu derste söylesin diye. Ama Fatih çok inatçı ısrarla demiyordu.

O gün Fatih'in annesi çok moralsizdi. Bana *"Umudumu yitirmeye başladım Dilek Hanım, artık vazgeçtim"* dedi. Tabii, onun bu ruh hâli beni çok üzdü. O gün uyumadan önce çok dua ettim. Allah'ım ne olur dedim bu mucizeyi yarat. Sana sığınıyorum sana inanıyorum. Sonra ne zaman uykuya daldım bilmiyorum.

Biliyor musunuz o gün Fatih'i rüyamda gördüm. Böyle uzun düz bir yoldaydık. Her yer yemyeşildi. Olabildiğince düz bir arazi. Fatih'in karşıdan geldiğini gördüm. Ne yapıyor burada, kayboldu galiba diye düşünmeye başladım. Fatih elinde bir topla bana doğru geldi. Ne yapıyor acaba diye düşünürken elimi tutup beni dizlerimin üstüne çöktürdü ve *ANNE* diyerek boynuma sarıldı. Rüyamda bile yaşadığım o mutluluğu sizlere tarif edemem. Şok içerisindeydim. *"ANNE dedin, ANNE dedin"* diye durmadan söyleniyordum. Sarıldım ve ağlamaya başladım. Fatih gözyaşlarımı sildi, *"Ağlama, üzülme ANNE dedi"* sonra da elimi tuttu. Yüreğimdeki o mutluluğun verdiği heyecanı anlatacak söz bile bulamıyorum. Büyük bir mutlulukla gözlerimi açtım. Bir rüyaydı her şey ama olsun, onun sesini duydum. Bana *ANNE* dedi. Büyük bir heyecanla kalktım ve hemen eşimi kaldırdım, ona sarıldım, *"Anne dedi bana anne dedi. Oynadık, eğlendik. Sağlıklı bir çocuktu."* Eşim ne olduğunu anlayamadı. Rüyamı anlattım. O an inanılmaz bir duygu seli oldu. *"İnanıyorum yarın Fatih ANNE diyecek"* dedim.

Sabah gözümü açtım. Hemen Fatih'in annesini aradım. *"Bugün seansa gelin"* dedim. Aslında seans günü değildi. Semra

Dilek Cesur

Hanım çok şaşırdı. *"Neden hocam"* dedi. *"Getir"* dedim *"bir şey sorma."*

Öğlen olmasını heyecanla bekliyordum. Hemen okula gittim. Heyecandan içeri giremiyordum. Kapının önünde Fatih'i beklemeye başladım.

Fatih'i karşıdan gördüm, geliyor. Heyecanla bekliyorum. Yola indim. Fatih karşıdan beni gördü. O an bir mucize yaşandı. Fatih, karşıdan koşmaya başladı. Dizlerimin üstüne oturdum. Kollarımı iki yana açtım. Koştu, koştu, koştu *"ANNEEEE"* diyerek boynuma sarıldı. Allah'ım hayal mi görüyordum. Rüyamda ne hissetiysem aynısını yaşıyordum. Ağlamaya başladım. Fatih'e sarıldım öptüm. Süpersin Fatih. Süpersin Fatih. Sözler boğazıma dizildi. Bir şey söyleyemedim.

Semra gülüyordu. *"Dilek Hanım bugün siz telefonu kapattıktan sonra ANNE dedi."* O da ağlamaya başladı. Fatih gözlerimin içine bakıyordu. Hem de saniyelerce. Allah'ım ne kadar büyük bir mutluluk, o an yaşadığım duyguları asla anlatamam. Belki size tuhaf gelecek ama ben çocuğumu kucağıma aldığımda bile bu kadar heyecanlanmadım. O anki duygu seli çok başkaydı.

"Ders yok bugün Semra Hanım. Ben bugün bunu duyacağıma inandığım için çağırdım sizi" dedim. Annesi çok şaşkındı ne diyeceğini, mutluluğunu nasıl tarif edeceğini bilemiyordu.

O günden sonra Fatih hızla konuşmaya başladı. Şimdi 6 yaşında her şeyi konuşabiliyor. Derdini anlatıyor. Duygularını söylüyor. İstemediklerini rahatça ifade edebiliyor. Hatta laf aramızda okuma yazma biliyor. Koşuyor, oynuyor, eğleniyor. Allah bana, bize bu mucizeyi yaşattı.

Şimdi yanınızdaki sağlıklı çocuklarınıza dönüp bir bakın. Her gün kaç kere size anne diyor? O size anne dedikçe siz bu nimetin ne kadar farkındasınız?

Bir gün yolda bir anne *"Offf sıkıldım senin sürekli anne demenden"* diye çocuğuna söyleniyordu. Ahh, dedim içimden senin offff diye dert gördüğünü kendine nimet bilenler var!

Bazen çocuklarınızın sürekli konuşmasından, soru sormasından, itiraz etmesinden şikâyet ediyorsunuz. Bunu size verilmiş bir lütuf olarak görseniz buradaki sıkıntıdan uzaklaşıp güzelliği görmeye başlarsınız. Dünyada kaç tane çocuk *ANNE* bile diyemiyor biliyor musunuz? Koşamıyor, yürüyemiyor, bir bardak suyunu bile içemiyor. Bu anneler hepsi seçilmiş anneler. Yavruları da, anneleri de birer melek. Elleri öpülesi anneler onlar. Siz sağlıklı yavrularınızın yaptığı yaramazlıklardan şikâyet ederken bu anneler o özel çocuklarının bir gün yaramazlık yapabilme hayali ile yaşıyorlar.

Etrafınızda böyle anneler varsa mutlaka destek olun. Sorunlarını çözmeye yardımcı olun. Çocuklarınızın mutlaka böyle çocuklarla vakit geçirmesine olanak sağlayın. O çocukların sizin sağlıklı çocuklarınıza ihtiyacı var. Belki özel gereksinimli çocuklar birçok konuda engel durumu yaşıyordur. Ama her özel gereksinimli çocuğun duygusal ve soysal zekâsı normal gelişir. Bunu asla unutmayın. Onların hayata tutunabilmeleri için en büyük destek sizlersiniz. Belki çocuklarınızın sınıflarında da bu tarz çocuklar vardır. Onlara ne kadar hassas davranmaları gerektiğini çocuklarınıza mutlaka aşılayın.

VE KESİNLİKLE ŞİKÂYET ETMEYİN.

Çocuklarınızın yaramazlıkları ile ilgili şikâyetleriniz bu çocuklara ve ailelerine haksızlık diye düşünüyorum. Çocuğunuz sizi bunaltacak kadar *ANNE* dediğinde Fatih'i ve annesini hatırlayın ve her *ANNE* dediğinde şükredin, anne sözünün güzelliğine varın, mutluluğunu yaşayın.

Çocuğunuzun koşması, hoplayıp zıplaması ne kadar basit bir eylem değil mi? Ama birçok çocuk için bunların imkânsız olduğunu biliyor musunuz? Siz, çocuklarınız okullarda derece yapsın diye beklerken bu anneler çocuğum bir kelime öğrensin, bir topu tutsun, bir adım atsın diye bekliyor ve hayal ediyor.

Çocuklarınızın akademik anlamdaki başarısızlıklarında yıkılıyorsunuz. Başarılı bir çocuğa sahip değilsiniz belki, ama sağlıklı bir çocuğa sahipsiniz. Çocuklarınız için bundan daha güzel bir şey var mı? Bu ülkenin mühendise doktora ihtiyacı olduğu kadar, temizlik görevlisine, şoföre, garsona da ihtiyacı vardır. Çocuklarınız için önce sağlıklı, mutlu, huzurlu, karakterli insanlar olması için hedef belirleyin, daha sonra akademik başarılarına odaklanırsınız. Çocuklarınızın başarısızlıkları ile barışın. Ben seni evladım olduğun için seviyorum, başarılı olduğun için değil mesajını sürekli verin.

Yaramazlıklarındaki güzellikleri keşfedin, size verilmiş nimetleri görün.

Çocuklarınız sizi yaramazlıkları ile zorladıkları zaman bu bir süreç, *"Çocuğum sağlıklı bir gelişim gösteriyor, bu onun bir parçası, ben bu güzelliğin farkındayım"* dediğiniz ve bunun şükrüne erdiğiniz an işte artık hayat sizin için daha kolay bir hâl alacaktır. Çünkü yüreğinize farklı bir pencere açılmış olacak. Kalp gözü ile gördüğünüz hiçbir şey size keder vermez.

Başkasının acısı ile beslenin demiyorum. Kesinlikle vermek istediğim mesaj bu değil. Sadece size verilen nimetin farkında olun diyorum. Elinizdeki güzelliğin şükrüne varın istiyorum.

Size böyle bir nimet veren Allah'a şükrünüzü size verilen emanete en iyi şekilde sahip çıkarak sunabilirsiniz. *"OFFFF bıktım, yoruldum, çaresizim"* demeden önce bir kere daha düşünün.

Çocuklarınız Allah tarafından size verilmiş birer emanettir. Bekçisi olarak bu emanete sonuna kadar sabırla davranmanız ve sahip çıkmanız gerekir. Her anını doya doya yaşamanız ve her anın kıymetini bilmeniz kadar değerli ne olabilir ki?

Her çocuğun hakkı onu seven, sabır gösteren, her anını sevgi ile kucaklayan anne ve babadır.

Şimdi anladınız

Çocuklarınızla hep sabırla kalın, sevgiyle kalın...

"Bana Attığın Tokatın Acısı Yüzümden Geçiyor Ama Yüreğimde Kalıyor"

Bana attığın ilk tokadı hatırlıyor musun?
Senin artık bana olan tahammülün bitmiş,
Hırsını nasıl alacağını bilemiyordun.
Oysa ben doğam gereği,
Biraz taşkınlık yapmıştım.
Senin o an belki işin vardı,
Belki bir arkadaşın ile konuşuyordun.
Önce bir iki uyardın beni,
Kim bilir o an bir başkasına kızmıştın.
Önce bağırdın, sonra tokadı suratımın tam ortasına attın.
Ne olduğunu anlayamadım.
Ellerinin bu kadar büyük ve çok can acıtıcı olduğunu,

Daha önce hiç fark etmemişim.

Çünkü o eller beni hep okşadı, sevdi, sardı.

Canım çok acıdı önce, sonra da yüreğim.

Sen o tokadı sadece benim yüzüme değil,

Yüreğime de attın.

Yüzümdeki acı geçti de

Yüreğime attığın tokadın acısı hiç dinmedi.

Nedense anne diye ağladım,

Geldim yine senin boynuna sarılmak istedim.

Ama sen yine istemedin beni,

Kollarımdan tutup sarstın beni.

SENİN GİBİ BİR ÇOCUK İSTEMİYORUM.

Nasıl bir çocuk olmalıydım bilemiyorum,

Daha önce hiç çocuk olmadım ki ben.

Nereye gidip de ağlamalıydım bilemedim.

Çünkü bu zamana kadar ne zaman düşsem,

Ne zaman canım acısa,

Hep senin boynuna sarılmıştım.

Sen beni kollarına alıp sakinleştirmiştin.

Canımı sen yaktın,

Ama bu sefer bağrına basmadın.

Bir köşeye çekilip ağlamaya başladım.

Nedense bir süre sonra yanıma geldin.

Özür dilerim deyip bana sarıldın,

Ve sen de ağladın.

Ben ise anlayamadım.

Seni Anlıyorum Çocuk

Yüzümün acısı geçti,
Ama yüreğimdeki acı geçmedi.
Büyük bir öfke duyabildim sadece
Ama o da hemen geçti.
Olsun dedim, annemsin affederim.
Sen beni yine bağrına bas yeter ki.
Benim senden başka sığınacak dalım mı var?
Birkaç gün geçti ve sen yine acıttın canımı.
Hem bağırdın, hem vurdun.
Bedenimin acısı hemen geçiyor da,
Yüreğimdeki geçmiyor ama.
Yine pişman oldun galiba,
Yine geldin sarıldın bana.
Ben seni yine afettim,
Çünkü sen benim canımdın,
Ben sana kıyamam ki.
Sonra yine vurdun, yine vurdun, yine vurdun.
Artık anlıyorum,
Eskisi gibi pişman olmuyorsun.
Geri gelip beni bağrına basmıyorsun.
Dönüp arkanı gidiyorsun.
Artık eskisi gibi benim de canım acımıyor.
Ama yüreğime attığın her tokadı
Yazıyorum bir kenara.
Ve attığın her tokatta,
Senden bir adım uzaklaşıyorum.
Yüreğin soğuyor mu?

Vicdanın sızlamıyor mu?

Ben senin evladınım, yavrunum.

Beni sen dünyaya getirdin.

Nasıl acımasız oldun bu kadar,

Ve ne zaman oldun?

Sen değil miydin

Beni dokuz ay heyecanla bekleyen?

Kılıma zarar gelemesin diye uğraşan.

Hatırlıyor musun

Kimse kucağına bile

Alsın istemezdin beni.

Uyurken başımda beklerdin.

Nefes alışlarımı dinlerdin.

Çünkü korkardın,

Bana bir zarar gelecek diye.

Şimdi en büyük zararı,

Sen veriyorsun bana.

Hem bedenime, hem ruhuma...

Vurma bana ne olur vurma.

Lütfen yüreğime yaralar açma.

Küçük bedenim buna karşılık veremez.

Ama duygularım, hislerim verir.

Aramızda uçurumlar açma.

SENİ SEVİYORUM.

Sen Hiç Elma Ağacının Dibine Düşen Armut Gördün mü?

Cenk, babası ile birlikte dışarı çıktı. Babasının hafta tatiliydi. Arabaya bindiler ve yola çıktılar. Hafta sonu olduğu için yoğun trafik vardı. Trafik ilerlemiyordu ve hava çok sıcaktı. Babası durmadan kızıyor, diğer şoförlere küfür ve hakaret ediyordu.

- *Cenk, o gün öfkelenildiği zaman küfür edilmesi gerektiğini öğrendi.*

* * *

Yasemin, annesi ile birlikte markete gitti. Karşıdan karşıya geçerken Yasemin'in annesi, yolun ortasında yaralı bir kedi gördü. Arabaları durdurdu. Kediyi kenara çekti. Yakındaki bir dükkândan kutu aldı. Kediyi içine koyup birlikte veterinere götürdüler.

Dilek Cesur

- *Yasemin, o gün yaralı hayvanlara yardım edilmesi gerektiğini öğrendi.*

* * *

Mert, babası ile birlikte alışveriş merkezine ayakkabı almaya gitti. Ayakkabıyı aldıktan sonra karınları çok acıkmıştı. Babası köfte yiyeceklerini söylese de Mert ısrarla hamburger yemek istediğini söyledi. Babası Mert'i kıramadı, ona hamburger ısmarladı. *"Eve gidince annene sakın söyleme hamburger yediğimizi ikimiz de köfte yediğimizi söyleyeceğiz"* diyerek Mert'i tembihledi.

- *Mert, o gün gerekirse yalan söylemenin masum bir şey olduğunu öğrendi.*

* * *

Ozan, küçülen kıyafetlerini annesinin yardımı ile ayırdı. Bunları bir valize koydular ve ihtiyacı olan bir ailenin çocuğuna hediye ettiler. Annesi Ozan'a, ihtiyacı olan insanlara her zaman yardım edilmesi gerektiğini anlattı. İnsanların yardımlaştıkça ve paylaştıkça mutlu olabileceklerini söyledi.

- *Ozan, o gün yardımlaşmayı ve paylaşmayı öğrendi.*

* * *

Özgür, masanın üstünde duran bardaklara yanlışlıkla çarptı ve bardakların yere düşüp kırılmasına sebep oldu. Annesi her yerde cam kırıklarını görünce çok sinirlendi ve Özgür'e tokat attı.

- *Özgür, o gün hatalı davranışlarda şiddet uygulandığını öğrendi. Kardeşi etrafa zarar verince o da kardeşine vurdu.*

* * *

Sen bir aynasın, çocuk da aynadaki yansıman. *"Bana aileni söyle, sana kim olacağını söyleyeyim"* diye bir atasözü uydurmak geldi içimden. Yukarıdaki örneklere ne kadar güzel uydu bence. Çocuklarımızın karakter oluşumunda mizaçları ve çevresindeki insanların rolleri çok büyüktür. Vermiş olduğum örnekler farkında olarak ya da olmayarak çocuklarınıza nasıl model olduğunuzu ve onları nasıl etkilediğinizi göstermek içindir. Çocukların beyni durmadan kaydeder. Karakterini ve davranışlarını bu kayıtlar doğrultusunda geliştirir.

ÇOCUĞUNUN NASIL BİR İNSAN OLMASINI İSTİYORSAN SEN DE ÖYLE DAVRAN.

Hırsızlık aile mesleği olmuş biri ile tanışma fırsatım oldu. 30 yaşlarında bir mühendisti. Şaşırdınız değil mi? Mühendis ve hırsız bir aile! Aslında olay biraz karışık ama özetle anlatacağım.

Kerim, çok küçük bir bebekken evlatlık veriliyor. Evlatlık verildiği aile bazı sıkıntılardan dolayı çocuğu sahipsiz bırakıyor. Çocuğa da mahalleden başka birileri sahip çıkıyor. Kendi çocukları ile birlikte büyütüyorlar. Ama bu ailenin geçim kaynağı hırsızlık. Çocuğa küçük yaşta hırsızlık nasıl yapılır, araba, ev kapıları nasıl açılır, hepsini öğretiyorlar. Çocuk da ufaktan ufaktan hırsızlık yapmaya başlıyor. Bazen babası ile evlere bile giriyor. 10 yaşlarında iken çocuğun kendi ailesi çocuğu buluyor, yeniden yanlarına alıyor ve artık kendileri büyütüyor.

Kerim konuşurken şunları anlattı: *"15 yaşına kadar aslında hırsızlık yapmaya devam ettim ama okumak da çok istiyordum. Lisedeyken bir gün öğretmenim beni arkadaşımın ceketini karıştı-*

rırken yakaladı. Çok utandım. Beni odasına çağırıp o kadar içten konuştu ki o günden sonra bir daha asla bunu yapmayacağıma söz verdim."

Sonra da okumuş, mühendis olmuş. Tabii onun yaşadıkları burada anlattığım kadar basit değil. Bu kısa anlatımla ailenin bir çocuğu nasıl etkilediğini göstermek istedim *VE ÖĞRETMENİN BİR ÇOCUĞUN HAYATINA NASIL YÖN VEREBİLECEĞİNİ.*

Kerim, diğer ailede kalsaydı mesleği büyük ihtimal hırsızlık olacaktı. Öğretmeni de onunla konuşup ona doğruyu göstermek yerine rezil etseydi belki okul hayatı da o gün bitecekti.

Aile ve çevre, çocuğun hayattaki pusulasıdır. Siz hangi yönü gösterirseniz çocuk o tarafa gider. Ama pusula bozuksa eğer çocuk şansı varsa ancak doğru yolu bulup hedefe ulaşacaktır. Sizler ne iseniz çocuğunuz da o olacaktır. Bazen önemsemeden söylediğiniz bir söz veya davranış çocuğunuz için çok büyük anlamlar taşıyabilir.

Bir kediye yardım etmek sizin için küçük ama çocuğa model olmak adına çok önemli bir davranıştır. Bir babanın *"Hamburger yediğimizi söyleme annene"* demesi çocuk tarafından gerektiğinde *"Doğruyu söyleme, yalan söyle"* olarak algılanır. Yalan söylemek çocuk için normalize edilmiş olur. Masum pembe yalanlar diyerek yalan söyleme davranışı sevimli hale getirilemez. Çok iyi niyetle yaptığınız davranışlar çocuğunuz için büyük anlamlar taşır. Aileler çocuklarına doğru olan davranışı hep anlatır ama kendileri uygulamaz. Savunma olarak da *"İmamın dediğini yap, yaptığını yapma"* derler. Ama çocuklar söylediklerinizden daha çok yaptıklarınızı yaparlar.

Çocuk masaya çıkar. Anne çığlık atar. *"Düşeceksin düşeceksin!"* diye bağırır. Çocuğu hemen indirir. Çocukta artık, kendini tehlikede hissettiği her an çığlık atar. Annesi gibi panik bir çocuk yetişir. Yahu kadın, kendin paniksin çocuk için bari tut kendini biraz. Belki öz güvenli bir çocuk olacakken annenin bu tavırlarından dolayı korkak bir çocuk olur.

Çocuk yüksek sesle konuşur. Baba bundan rahatsız olur ve bağırarak çocuğu uyarır. *"Neden bağırıyorsun?"* Sen bağırdığın için olabilir mi? Ya da hep onunla bağırarak konuştuğun için olabilir mi?

Baba çocuğuna kızarken *"Kapat çeneni geri zekâlı mısın? Seni kulaklarından tavana asarım"* der. Çocuk aynı sözleri arkadaşına söyler. Sonra babası tarafından bunların ne kadar yanlış olduğu konusunda nasihat dinler. *"Dinime küfreden Müslüman olsa"* deyiverse çocuk, o an babaya ne güzel kapak olur.

Birbiri ile sevgi ve saygı çerçevesinde iletişim kuran dürüstlüğü, doğruluğu, çalışkanlığı kendine hayat ilkesi edinmiş bir aileye ait olmak ve bu ailede bir birey olarak sevgi saygı görmek bir çocuk için çok önemlidir. Sizin hayata karşı duruşunuz onların hayata karşı duruşlarıdır. Nasihat etmeyin model olun. Çocuğunuzun davranışlarında bir sıkıntı görüyorsanız önce kendi davranışlarınızı kontrol edin. Değişime kendinizden başlayın. Kendinizde düzeltemediğiniz davranışları çocuklarınızda hiç düzeltemezsiniz. Çocuklar aileleri ile özdeşim yaşarlar. Yani onlar gibi davranırlar.

- *Sizin gibi su içerler.*
- *Sizin gibi yemek yerler.*

- *Sizin gibi otururlar.*
- *Sizin gibi konuşurlar.*
- *Sizin gibi davranırlar.*
- *Sizin gibi inanırlar.*
- *Sizin gibi de yaşarlar.*

Siz hiç elma ağacının dibine düşen armut gördünüz mü?

Ben görmedim.

"Beni Olduğum Gibi Kabul Et"

Emine her zaman arkadaşları tarafından çok sevildi. Çünkü Emine çok saygılı bir çocuktu. Kimseye zarar vermez, herkesle çok iyi anlaşırdı. Emine'nin annesi Ayşe Hanım okul toplantılarında Emine'nin öğretmeni ve sınıf arkadaşlarının anneleri tarafından her zaman takdir edildi. Emine sınıf düzenini hiç bozmaz, sınıf kurallarına uyardı. Her zaman, herkese karşı sevgi dolu bir çocuktu. Vurmak, kavga etmek nedir bilmiyordu. Her şeyi çok hassas düşünürdü ve çok duygusaldı.

Şimdi size bir soru sormak ve bu sorunun cevabını alttaki boşluğa yazmanızı istiyorum.

SİZCE EMİNE NASIL BİR AİLEDE YETİŞMİŞ OLABİLİR?

....

....

....

Nigar, çok hareketli ve geveze bir çocuktu. Sürekli konuşur, kimsenin konuşmasına izin vermezdi. 2 yaşından beri tırnak yiyor, bir sıkıntı ile baş edemediği durumlarda tik geliştiriyordu. Okula gittiği ilk günler arkadaşlarına sürekli vurduğu ve çok konuştuğu için öğretmeninden uyarı almıştı. Annesi, okuldan arandığı zaman çok tedirgin oluyordu. Acaba okulda yine ne oldu kaygısı yaşıyordu. Okula her gittiğinde öğretmeninden ve arkadaşlarının annelerinden şikâyet duyuyordu. Yerinde oturmuyor. Masa başında bir şey yapmak istemiyor. Sürekli sınıf içinde geziyor, ders düzenini bozuyordu.

PEKİ SİZCE NİGAR NASIL BİR AİLEDE YETİŞMİŞ OLABİLİR?

....

....

....

....

Her iki aile hakkında düşünceleriniz farklı mı yoksa aynı mı?

Emine'nin ailesinin ilgili, Nigar'ın ailesinin ilgisiz olduğunu düşündünüz mü?

Belki Nigar, aile içinde şiddete maruz kalıyordur. Arkadaşları ile sorunlarını şiddetle çözdüğüne göre öğrenilmiş bir davranış olabilir mi?

Emine'nin ailesi de belki mükemmeliyetçi bir aile, belki de çok saygılı ve kibar insanlar. Emine neticede çok kibar ve saygılı bir çocuk...

Çocuk sadece aile tutumlarına göre mi şekillenir?

Cevabınız EVET mi? HAYIR mı?

Şimdi size Nigar ve Emine ile ilgili bir şey daha söylemek istiyorum. Belki şu an şaşıracaksınız ama bu iki çocuk kardeştir. Hatta ikizdir!

Bizim çocuklarımızın gelişim süreçlerinde unuttuğumuz en önemli ayrıntılardan biri, çocuklarımızın mizaçlarıdır. Çocuklar, anne baba tutumlarının dışında, mizaçları doğrultusunda da şekillenir.

Bir sınıfta otuz öğrenci vardır. Öğretmen ise bir tanedir. Bu sınıftaki çocuklar aynı eğitimi, aynı şartlarda, aynı öğretmenden almasına rağmen farklı şeyler öğrenirler. Çünkü bireysel farklılıklar söz konusudur. Kendi çocuklarımızda olduğu gibi...

İkiz olmalarına rağmen çok farklı özellik gösteren iki kardeş... Anne ve babalar böyle durumlarda sakin olan çocuğu, davranışlarından dolayı hep takdir eder. Hareketli olan çocuk sürekli kardeşi ile kıyaslanır. Zeki olan çocuk da zekâsından dolayı takdir görür; kardeşi kadar zeki olmayan, hatta öğrenme güçlüğü olan çocuk da bunun altında ezilir. Kendini yetersiz hisseder. Aile içerisindeki bu yanlış tutum, iki kardeşin ilişkilerini de olumsuz yönde etkiler.

Çocuklarımız arasındaki teraziyi dengeli tutabilmek çok önemlidir. Kaç tane çocuğunuz varsa evde o kadar farklı birey var demektir. Farklı özelliklere sahip çocuklarımıza yapmış olacağımız en hatalı davranış *kıyastır*. Kıyasın çocuklar üzerindeki olumsuz etkilerini anlatmıştık. Bir insana yapılabilecek en büyük haksızlık, onu kardeşi ile kıyaslamak olacaktır. Kıyaslanan kardeşler, kardeş olma duygusunu yitirip birbirlerini rakip olarak görmeye başlayacaklardır. Siz de bunu destekleyici şekilde davranıp rekabet ortamı hazırlarsanız çocuklarınız arasında yıllar içerisinde gittikçe yükselen bir uçurum oluşturmuş olursunuz.

Bu ikizlerin annesi benim arkadaşımdı. Arkadaşım Serpil, Nigar'ın üstün zekâlı ve kendini her koşulda ifade edebilen bir çocuk olmasından dolayı onunla çok ilgilenmiyordu. Ona göre Emine ilgiye daha çok muhtaçtı. Çünkü Emine, Nigar'ın zekâsı altında eziliyordu. Ama her seferinde de Nigar'ın ne kadar zeki bir çocuk olduğunu Emine'nin yanında sürekli başka insanlara anlatıyordu. Anneleri farkında değildi ama çocuklar arasında rekabet ortamı oluşturuyordu.

Emine'nin bu kadar sakin olması, kendisini ifade edememesi aslında Nigar'ın onu sürekli olarak ezmesinden kaynaklanıyordu. Nigar baskın bir karakter olduğu için Emine'yi sürekli olarak baskılıyordu. Emine de kendisini, sürekli Nigar'ı annesine şikâyet ederek koruma altına alıyordu. Genelde zılgıtı yiyen de Nigar oluyordu. Bu dengesizlikten dolayı evde sürekli bir rekabet ve huzursuzluk ortamı hâkimdi.

ANNELERİ BU DENGEYİ NASIL KURACAKTI PEKİ?

Farklılıklarınızı görüyorum ve onları olduğu gibi kabul ediyorum düşüncesiyle hareket ederek.

Sen şöylesin, sen böylesin diye kıyaslamalarda bulunmayarak.

İkiniz de benim için çok özelsiniz, ikinizin de yetenekli olduğu konular var ve ben bunların farkındayım. Sizi yetenekleriniz doğrultusunda destekliyorum mesajını sürekli vererek.

Karşınıza bir sorunla geldikleri zaman ikisine de adaletli davranarak.

Aynı anda farklı isteklerde bulundularsa bunu sırayla gerçekleştirerek.

Çocuklarınızın aynı gelişim özelliklerine sahip olmasını beklemek onlara yapılacak en büyük haksızlıklardan biridir. Evrende hiçbir şey birbirine benzemezken bunu çocuklarımızdan beklemek haksızlık değil mi?

Çevremdeki annelerden çocukları ile ilgili hep şunu duyuyorum: *"Sanki bu çocukların hepsini ben doğurmadım. Hepsi birbirinden farklı..."* Hepimiz aynı olsak insan olma özelliğimiz olmazdı. Elbette her çocuğun huyu suyu farklı olacaktır. Milyonlarca insan yaratmışken Allah, bir tanesini bile aynı yaratmamış. Sizce burada büyük bir hikmet yok mu?

Bireysel farklılıklarını kabul etmeyip kişiliklerine saygı duymadığımız çocuklarımızla ne kadar sağlıklı ilişkilerimiz olabilir ki?

Hepiniz çok iyi bir anne ve baba olabilirsiniz. Çocuklarınız ile ilişkileriniz çok iyi olabilir. Ama yine de işler bazen sizin kontrolünüzden çıkabilir. Çocuk kendi mizaç özelliklerinden dolayı sizinle veya çevresi ile çatışabilir. İşte bu noktada çocuğun kişiliğine zarar vermeden, anlayış ve sabırla yaklaşıp sorunları çözmeniz gerekir.

Çevremizdeki insanlarla olan ilişkilerimizde de bu dengeyi kurmak çok önemlidir. Herkesi olduğu gibi kabul edip değiştirmeye çalışmadığımız gün sonsuz mutluluk bize kapılarını açmış olacaktır.

Çocuklarınızı da olduğu gibi kabul edip karakterlerine saygı duymaya başladığınız an, emin olun birçok sorununuz kökten bitecektir.

KİMLİĞİME SAYGI DUY, BENİ OLDUĞUM GİBİ KABUL ET. DOĞRU OLMAYAN DAVRANIŞLARIM DA OLACAKTIR ELBET AMA BUNLARI SEVGİYLE DÜZELT.

"Beni Benimle Bile Kıyaslama"

Hiç eşiniz tarafından başka bir kadın veya erkekle kıyas-landınız mı? *"Falancanın karısı çok güzel yemek yapıyor ama sen yapamıyorsun. Bir de üstelik kadın her gün çok bakımlı, kendine bak, aynı annene benziyorsun. Zaten doğumdan kalan kilolarını bile veremedin."* Ya da *"Falancanın kocası karısı-na araba almış, bir de sana bak. Daha eve 2 kilo et alamıyorsun. Üstelik kazandığın para ile anca karnımız doyuyor. Sen ne kadar beceriksiz bir adamsın."*

Söylediklerim kulağa hoş geliyor mu? Bu sözleri gerçekten de eşinizden duysanız ne yapardınız, ne düşünürdünüz ve ken-dinizi nasıl hissederdiniz? Ben bu soruları bir eğitim esnasında katılımcılara sordum. Ne yapardınız kısmına gelen cevaplardan birkaç örneği aynen yazıyorum:

* Hemen boşanma davası açardım.

* Kimi beğeniyorsa onunla yaşamasını söylerdim.

* Kafasına tavayı indirirdim.

* Ona bir daha yemek yapmazdım, beyaz gömleklerini siyah pantolonla yıkardım.

* Çocuklarımı alır ailemin yanına döner, ona da çocuklarını bir daha göstermezdim.

* O kadın gibi olmaya çalışırdım.

* O adamı bulur döverdim.

Cevapları eğitim esnasında yüksek sesle okudum. Kimisine güldük, kimisini düşündük, kimisinde üzüldük. Farkında mısınız, cevaplardaki genel tepki durumu ne kadar ağır. Çünkü insan onuruna, gururuna, insan olma fıtratına ters bu söylemler. Bir dakika durup sizin de düşünmenizi istiyorum. Siz olsanız ne yapardınız? Okumaya devam etmeden önce lütfen yüksek sesle cevaplayın ve hatta bu soruyu şu an yanınızda kim varsa ona da sorun ve cevabını dinleyin.

Aynı eğitimde cevapları okuyup üzerine konuştuktan sonra şunu sordum: *"Peki siz birine böyle bir şey yapar mısınız?"* Hepsi yüksek sesle kocaman bir *HAYIR* dedi. Peki, siz yapar mısınız? Cevabınız *HAYIR* mı, iyi düşünün bakalım, bence yapıyorsunuz. Eğitimdeki topluluğa da aynı şeyi söyledim. İyi düşünün bence yapıyorsunuz. Kafalar hayır diye sallanmaya başladı bu sefer. Ama yapıyorsunuz, dedim. Hem de kime biliyor musunuz? Canınızdan çok sevdiğiniz birine. *EVLADINIZA!*

Evet, evladınıza yapıyorsunuz. Hem de rahminize düştüğü ilk andan itibaren birinci kıyas dönemini başlatıyorsunuz. Ben böyle söyleyince katılımcıların hepsi çok şaşırdı tabii. Hamileliğinizin ilk zamanlarını düşünün önce sizinle aynı dönem hamile kalan insanlarla hep kıyasladınız bebeğinizi. *"Benimkinin gelişimi haftasında gidiyor onunki iki hafta önden, benimkinin boyu uzunmuş onunkinin kısa, benimki çok hareketliymiş onunki yavaş, benimki sürekli tekmeliyor onun günde on defa, benimki sezaryen oldu onunki normal, benimki üç kilo doğdu, onunki üç buçuk."*

Doğumla birlikte ikinci evre başlıyor: *"Benimki emdi onunki emmedi, benim çocuğum çok gazlı onunki değil, ben gece üç kere kalkıyorum o beş, benimki beş aylıkken diş çıkardı onunki yedi, onunki yürümeye başlamış benimki daha emekliyor, onunki erken konuşmuş benimki geç."* Vallahi şu an yazarken yoruldum. Bitti mi bitmediiii.

Üçüncü evre başlıyor. Belli bir yaştan sonra bunların yanına etiketler de eklenmeye başlıyor: *"Onun çocuğu renkleri ve sayıları biliyor, benim mıymıntı oğlum daha konuşamıyor bile, babasına çekmiş"* benzetmeleri de eklemeyi unutmayalım. *"Onun kızı ne kadar güzel resim yapıyor, bizim beceriksiz daha kalem tutamıyor."*

Okula başlamaları ile asıl işkence dönemi başlamış oluyor. Azıcık öğrenme konusunda zayıfsan ve annenin en yakın arkadaşının çocuğu senden daha zeki ise yandın demektir evlat. Tek çare kaç, kurtul. İlk okumayı söken çocuklar arasında sizin çocuğunuz yoksa vay hâline. O öğrenmiş sen neden öğrenemedin? O toplama yapıyor, sen daha sayı sayamıyorsun, ne kadar beceriksiz ne kadar aptalsın. Falancanın kızı sınavlarda birinci olmuş, sen hala sokaklarda gez. Aynı halana çekmişsin. Çok kınadım galiba. Zaten anne isek bütün aptallar kocamızın sülalesinde, bütün zekiler de kendi sülalemizde toplanmıştır.

Şimdi aralardaki ortaokul ve liseyi atlıyorum yazmakla bitmez çünkü. Üniversiteye hazırlık süreci işkence dönemi, tam bir yarış edasında bütün çocuklar. En kötü dört yıllık bir yer kazandın kazandın, kazanamadın yandın. Anne ve babaların tepki aynen şu *"En azından dört yıllık öğretmenlik kazan, hiçbir şey olmazsan öğretmen olursun. Bak rezil etme beni Suzan'ın kızı kazanamamış dedirtme sakın."*

Ben bir öğretmen olarak önce o anneleri saygı ile öpüyorum. Sonra da devam ediyorum. Şimdi en kötü ihtimalle öğretmenliği kazandı ve okudu. Çocuğunuza kıyas yapmayı bırakacağınızı sanıyor musunuz? Atananla, daha çabuk iş bulanla, zengin kocaya varanla, okumuş kız alanla, araba ev sahibi olanla, erkek çocuk doğuranla, maaşı asgari ücretin beş katı olanla, kocası tatile yurtdışına götürenle, kayınvalidesi on beş bilezik takanla vs... Yaz yaz bitmiyor.

Sonra bu böyle babadan oğluna kalan taht misali, çocuklarımızı kıyaslaya kıyaslaya bir bakıyoruz, bizim büyüttüğümüz çocuklar da bu sefer başlıyor kendi çocuklarını başkaları ile kıyaslamaya. Bu bir gelenek gibi nesilden nesile irsîymiş gibi devam ediyor sonra.

Peki, şunu sormak istiyorum size. Şimdi bir başkası ile kıyaslanmak içinizdeki canavarı ortaya çıkaracak kadar kötü bir durumsa, neden aynı şeyi çocuklarınıza yapıyorsunuz? Onlar sizin eşinizin üzerinde kurduğunuz şiddet fantezileri gibi fantezi kuramazlar, bunu yapıyorsunuz diye sizi terk edemezler, kimi çok beğeniyorsan git ona analık, babalık yap deyip arkalarını dönemezler. Onlara sadece ne olur biliyor musunuz?

ÜZÜLÜRLER, HEM DE ÇOK ÜZÜLÜRLER.

Kalpleri size karşı hep kırık ve kırgın kalır. Kendilerini hep yetersiz hissederler. Birinin hayatı boyunca hep mutsuz olmasını istiyorsanız ona hep *sen yetersizsin* mesajı verin ve onu kapasitesiz olduğuna inandırın. Siz sürekli birileri ile kıyasladığınız evlatlarınıza işte tam olarak bunu yapıyorsunuz. O yavrum da size yaranmak için kim ile kıyaslıyorsanız onun gibi olmaya çalışarak kendi öz kimliğini ve benliğini kaybediyor ve hayatı boyunca hep birilerini kendine model alarak yaşıyor. Çünkü kendisinin kapasitesiz ve beceriksiz olduğuna inandırdınız.

Şimdi böyle anlatınca *"İnsan düşmanına yapmaz bunu"* diyor musunuz? Ama siz farkında olmadan yavrunuza bunu yapıyorsunuz. Hiç kimse başkası gibi olmak zorunda değil. Kendimize dönüp bir bakalım biz mükemmel miyiz ki çocuklarımızdan mükemmel olmalarını bekliyoruz.

Bir gün can dostum Kadiş'im beni aradı: *"Dilek, oğlum Ege, 'Sen neden Dilek teyzem gibi bir anne değilsin, bir araba bile kullanamıyorsun' dedi"* dedi. O dönem arkadaşım tam doğum yapmak üzereydi ve o son günlerin ağırlığı ile Ege'ye çok vakit ayıramamıştı. Ben de birkaç gün Ege ile vakit geçirip onları biraz gezdirmiştim. Kadiş'im çok üzülmüş bunu duyunca. Tabii bu sözlerle o da hemen anneliği konusunda acaba yetersiz mi kalıyorum düşüncesine kapılmış. Elbette yetersiz değildi ama evladı öyle düşünmüştü ve bunu dile getirmişti. Kocaman bir insan, beş yaşındaki bir çocuğun kendisini başka bir anne ile kıyaslamasından dolayı bile bu kadar farklı düşüncelere kapılabiliyorsa ve anneliğinden emin olduğu hâlde bu durum onun acaba bir yerde hata mı yapıyorum demesine sebep oluyorsa, bir de kendi evlatlarınızı düşünün. Sizin sürekli kıyasladığınız evlatlarınızın hangi düşüncelere kapıldığını daha iyi tahlil edebileceğinizi düşünüyorum.

Kıyas çocuklarınızın hayatla olan rekabetini artırmaz, onu mutsuzluğa, yetersizliğe ve başkalaşmaya iter.

Şimdi hepinizden alttaki boşluğa: *"ARTIK ÇOCUĞUMU KİMSE İLE KIYASLAMAYACAĞIMA SÖZ VERİYORUM"* yazmanızı istiyorum ve mutlaka imzalamanızı...

Rüşvet mi Veriyorsun
Tehdit mi Ediyorsun?

F arkında mısınız, çocuklarımıza bir şeyler yaptırmaya ça-
lışırken ya rüşvet veriyoruz ya da tehdit ediyoruz. Aslında
bunu çoğu zaman farkında olmadan yapıyoruz. Çünkü
çocuklar kendi kimliklerini kanıtlama çabası içerisinde olduk-
ları için sürekli bize itiraz ediyor. Biz de çözüm olarak böyle bir
iletişim dili kullanıyoruz. Peki, doğru mu yapıyoruz?

Tabii ki *HAYIRRRRR*...

Aşağıdaki diyaloglar kulağınıza tanıdık geliyor mu? Rüşvet-
çi konuşmalar şu şekilde gelişmiyor mu?

- *Ağlamazsan sana şeker veririm.*
- *Ödevini yaparsan televizyon izleyebilirsin.*
- *Yemeğini yersen çikolata veririm.*
- *Odanı toplarsan tabletle oynayabilirsin.*
- *Erken yatarsan yarın parka gidebilirsin.*

- *Karnen iyi gelirse tatile gidebilirsin.*
- *Kardeşine iyi davranırsan oyuncaklarınla oynayabilirsin.*
- *Beni üzmezsen sana yeni bir oyuncak alabilirim.*

Bir de bunun tam tersi tehditçi anne ve babalar var demiştik değil mi?

- *Dökerek yersen çok kızarım.*
- *Ağlarsan şeker yok!*
- *Ödevini yapmazsan televizyon yok!*
- *Yemeğini yemezsen çikolata yok!*
- *Odanı toplamazsan tablet yok!*
- *Erken yatmazsan park yok!*
- *Karnen iyi gelmezse tatil yok!*
- *Kardeşine iyi davranmazsan oyuncaklarınla oynamak yok!*
- *Beni üzersen sana oyuncak almak yok!*

Yukarıda saydığım tehditler en masum olanları kalıyor, bazılarının yanında. Özellikle duygusal ve psikolojik şiddet cümleleri ile yapılan tehditler çocuklarda ciddi psikolojik sorunlara sebep olmaktadır.

- *Artık senin annen/baban değilim ya da olmayacağım.*
- *Seni sevmiyorum artık ya da sevmeyeceğim.*
- *Beni çok üzüyorsun artık başkalarının annesi/babası olacağım.*
- *Akşam baban gelsin, o sana bunun hesabını sorar.*

Şimdi düşünsenize eşiniz size diyor ki:

- *Yemeğini yaparsan akşam arkadaşların ile bulaşabilirsin.*
- *Evi temizlersen telefonunla ilgilenebilirsin.*

Durun bir de bunun tehdit hâlini yapalım:

- *Yemeği yapmazsan akşam arkadaşlarının yanına gidemezsin.*
- *Evi temizlemezsen telefonunu elinden alırım.*
- *Yeni bir elbise istiyorsan dolabını düzeltmen lazım.*

Nasıl saçma geliyor değil mi kulağa, insana nasıl itici geliyor. Eee, şimdi çocuğa bu davranışlar yapılır mı? Bence yapılmaz.

SANA YAPILMASINDAN HOŞLANMADIĞIN ŞEYLERİ ÇOCUĞUNA YAPMA.

Yapma ki kendini değerli hissetsin, yapılan her güzel davranışta karşılık beklemesin, yaptığı hatalardan dolayı hemen bir ceza bulacağını düşünmesin, hatasına sahip çıkarak düzeltmeye çalışsın.

Çocuklara tehdit yolu ile bir şeyler yaptırmaya çalışmak bence psikolojik bir istismardır. Gözlemlerime ve çalıştığım yaş grubunu düşününce 0-6 yaş arasında kullandığımız bu yöntem çocuklarda ciddi öfke problemleri yaşamalarına, size olan güvenlerini yitirmelerine sebep olmaktadır.

Araf'ı biliyor musunuz? Bizim İslam inancımıza göre cennet ile cehennem arasında bir yer. Böyle iki arada kaldığımız zamanlarda Araf'ta kaldık deriz. İşte canınız istediğinde rüşvet verdiğiniz, canınız istemediğinde tehdit ettiğiniz, bu çocuklar hep Araf'ta kalıyor. Cehennem korkusu ile bir türlü cennet güzelliklerini göremiyorlar maalesef.

İşler böyle yürümez arkadaşlar, yemeğini istemezse yemez aç kalır. Aç kala kala yemeyi öğrenir. Ödevini yapmazsa bırak zaten hocadan zılgıtı bir kere yedi mi artık kendisi siz istemeseniz de yapar o ödevi. Bırak ağlasın sen görmezden gel, elbet susacak.

Bırakın arkadaşlar, bırakın rüşvet vermeyi de tehdit etmeyi de!

"Beni Teknolojiye
Kurban Etme"

Ö nce şunu söylemek istiyorum, benim Instagram, Facebook veya diğer sosyal ağlara, telefonlara karşı takıntılı bir tavrım yok. Çağımızın gerçeği bu ise herkes buna ayak uyduracaktır elbette. Benim tek sorunum doz ayarı. Tabii ki telefonda ne hoşunuza gidiyorsa bununla meşgul olabilirsiniz ama bunu yaşam tarzı hâline getirdiğiniz an orada işler karışıyor işte.

Yakın bir zamanda bununla ilgili yaşadığım bir olayı paylaşmak istiyorum sizinle. Çocukları evde sıkıldılar deyip kapalı oyun parkına götürdük. Çocukları içeri bıraktık, biz de kenarda bekliyoruz. Karşıdan izlemeye başladım çocukları. Gencecik bir anne de yanımda oturuyor. Elinde de bütün dikkatini verdiği bir telefon. Ben oturup kendi çocuklarımı izlerken yanımda oturan bayanın çocuğu olduğunu düşündüğüm bir ufaklık yanımıza doğru geldi. Bir şeyler söyledi ama bizim anne duymadı. İçeride yüksek bir müzik sesi de var tabii. Ondan dolayı bütün sesler birbirine karışıyor. Bir de oturduğumuz yer biraz yüksekte kalıyor. Oyun alanından bir çocuğun bize bir şeyler söylediğini duymak zor olabiliyor.

Sonra çocuk gitti, biraz oynayıp belli bir süre sonra geri geldi ama annemiz yine duymadı. Çünkü telefona öyle bir dalmış ki sanki dünya ile bağlantısı kopmuş gibiydi. Tabii bu durum dikkatimi çektiği için onları izliyorum. Sonra dayanamayıp kadına hafifçe dokunup çocuğunun bir şeyler anlatmaya çalıştığını söyledim. O arada çocuk yakınımızda, anne kafayı kaldırınca çocuk hemen yaklaştı. Daha çocuğunun bir şey demesine fırsat vermeden annenin tepki aynen şu oldu:

"Ne var ne oldu? Hiçbir yerde huzur yok bana. İşte seni parka getirdim, hâlâ ne söylüyorsun, isteklerin hiç bitmez mi senin?"

Çocuk yavrum eğdi başını gitti. Hiçbir şey söylemedi. Resmen yüreğim eridi o an. Anne ile konuşmayı çok istedim ama sonradan üstüme vazife olmadığını düşünüp vazgeçtim. Ama içim de rahat değil. Kendi çocuğuma bakma bahanesi ile oyun alanına girdim. O miniğin yanına gittim. *"Sen annenden ne istemiştin"* diye sordum. Nasıl da tatlı bir çocuk, gözlerinin içi gülüyor konuşurken. *"Su istedim teyze ama annem bana kızdı"* dedi.

Resmen ağlamak geldi içimden. Küçücük masum bir yavru... Annesi maalesef teknolojiye kurban gitmiş. Burnunun ucunu görmüyor. Suyu aslında alıp verebilirdim ama yabancı insanlara sempati duymasın diye almadım. Elinden tutup annesinin yanına götürdüm. *"Canım, kızınız susamış"* dedim. Kadın kafayı kaldırdı. *"Demin söylemeye çalıştığı buymuş"* dedim. Kadın biraz mahcup olarak çantasındaki suyu kıza verdi. Çocuk oyun alanına döndü, annesi de telefonuna.

Oyun süresi bitinceye kadar da kafasını kaldırmadı. Zannedersin ki devlet meselesi çözüyor telefonda. Ne alıkoyuyor sizi çocuğunuzu duymayacak kadar? Kendi çocuklarımı izlerken hep o yavruyu da izledim. Annesinin verdiği tepkiden sonra biraz enerjisi düştü önce. Bir kenarda oturup kendi kendine oyalanmaya çalıştı. Su mevzusu çözüldükten sonra arkadaşlarının yanına dönüp şen kahkahaları ile oynamaya başladı. O arada annesi çok şey kaçırıyordu.

Aslında onları izlerken anneyi de anlamaya çalıştım. Belki kendince büyük bir mesele çözüyordu. Ya da hayatta başka sıkıntıları vardı ve mutluluğu elindeki telefonda arıyordu. Ama yine de çocuk daha haklıydı. Belki ben art niyetli biriydim ve o an çocuğun güvenini kazanıp elinden tutup götürebilirdim. Ya da ben o an onu dinleyip, kucağıma alıp, sevip, suyunu alsaydım sana annenden daha çok değer veriyorum algısı oluşturup yabancılara sempati duymasını sağlayabilirdim. Belki o an değil ama başka bir zaman çocuk, art niyetli birinin elini tutup gidebilir. Çünkü yabancıya güven algısı oluşturmuş olacaktım. Hem su istemek için yanınıza gelen bir çocuğa tepki verdiğinizde başına gelen daha ciddi bir olayı size anlatmaktan çekinebilir. Aranızdaki güveni ciddi oranda sarsmış oluyorsunuz aslında. Her ne şartta olursa olsun önce çocuklarımızı dinlemeliyiz.

En keyifli sohbetlerimi çocuklarla yapıyorum. Hepsi ayrı bir efsane... Çocukları dinlerken keşke şu yaratıcı fikirler ve bu hayal gücü hep baki kalsa diyorum. Hem onları izlemek de çok keyifli. Çocuklarınız ile ilgili en iyi gözlemi onları oynarken izlediğinizde yapabilirsiniz. Çünkü çocuklar kendilerini en iyi oyunla ifade ederler. Her halleri ile inanılmaz keyifliler.

Bence kaldırın kafalarınızı telefonlardan ve çocuklarınızın şen kahkahalarını izleyin lütfen. Belki farkında değilsinizdir ama yukarıda bahsettiğim kadının durumuna belki siz de kaç kere düştünüz. Önceliklerimize dikkat edelim lütfen. Sonra sizi fark edip izleyenler için manzara gerçekten hiç hoş olmuyor. Umarım bunu yapan annelerin sayısı çok azdır. Yoksa bizden sonraki gelecek nesillerin vay hâline...

Çocuklarınıza vereceğiniz en değerli miras, onlar çocukken birlikte harcadığınız zamandır. Bugün çocuklarınıza zaman ayırarak, geleceklerini sağlam temeller üzerine atmış olursunuz.

"Ne Yaparsak Yapalım Her Çocuk Kendi Kaderini Yaşıyor"

K üçük oğlum 6 aylıkken bronşit oldu. Benim için ne kadar büyük bir travmaydı. *"Benim yüzümden, ben hasta ettim, ben bakamadım"* diye günlerce ortalıkta gezdim. Bronşiti ikinci kez tekrarladığında doğum iznim bitmiş ve işe başlamıştım. O dönemde işimi bile bırakmayı düşündüm. Çünkü bu sefer de ben işte iken onunla ilgilenen insanlar çocuğuma yeterince doğru bakamıyordu.

Ne olsun istiyordum acaba? Hiç hasta olmadan büyüsün gitsin mi? Ne büyük çelişki değil mi annelik? Benim yanımda hasta olunca ben bakamadım diye kendimi, bakıcının yanında hasta olduğunda o bakamadı diye bakıcıyı suçladım. Her ne kadar yıllarca çocuk gelişimi ve eğitimi ile ilgili okullar bitirmiş olsam da bununla ilgili defalarca eğitimlere katılmış olsam da soğukkanlı olmam gerektiğini bilsem de neticede bir anneydim. Her anne gibi olaylara bazen gereğinden fazla duygusal yaklaşabiliyordum. Annelik kesinlikle daha önceden öğrenilebilen ya da çocuğum olsun ben şöyle davranırım, böyle davranırım diyebileceğiniz bir konu değil. Her şeyi yaşayarak öğreniyorsunuz. Çocuk hasta oldu diye illa bir suçlu mu gerekiyordu? Her öksürdüğünde yine sıkışacak diye sabaha kadar başında beklerdim. Eve gelen misafirlerin grip gibi bir rahatsızlıkları varsa mümkün olduğu kadar kabul etmezdim. Dışarı bile çıkarmadım. Her sabah altıda kalkar, toz alır, evi siler, süpürürdüm. Resmen çocuğun hasta olduğu dönemler hayatı herkes için zorlaştırıyordum. Çocukları alerjik bronşit yaşayan aileler bu durumu çok iyi anlar.

Aslında göstermiş olduğum bu hassasiyeti biraz da kendi çocukluğumda alerjik bronşit için yıllarca tedavi görmeme bağlıyorum. Çünkü yıllarca hayatımı ciddi anlamda etkilemişti.

Bu süreç benim için böyle işlerken bir gün bir haberle dünyamız yıkıldı. Abimin iki yaşındaki oğlu lösemi teşhisi ile Eskişehir Fakülte Hastanesi'ne kaldırıldı. Ağabeyim ve eşi beslenme konusunda çok titizlerdi. Yengem hamile iken bir tane hazır gıda yemedi. O çocuk bir tane ilaç içmedi, bir tane paketli gıda tüketmedi. Ama lösemi oldu. Nasıl dedim, nasıl olur? Ailesi bu kadar tedbir almışken, bu kadar hassas davranmışken nasıl olmuştu? O an anladım ki bizden büyük *ALLAH* var. Sen ne kadar korursan koru ya da hiç koruma herkes kaderini yaşıyor. Olacağı varsa oluyor. Ben, evladım öksürüyor diye kaygılanırken başka bir anne yavrusu ile hayat mücadelesi verebiliyor. Bıraktım her şeyi akışına. Ateşi mi çıktı, öksürdü mü, sıkıştı mı? Hepsi bir dünya iken gözümde, bir anda zerre oldu. Şımarıklık yaptığımı fark ettim. Hasta olmadan nasıl bağışıklık kazanacaklardı? Biz, Ahmed Said -lösemi olan yeğenim- hiç hasta olmadı, hiç ilaç içmedi diye sevinirken aslında üzülmemiz gerekiyormuş. Doktor, bir gün *"Hem aşıları tam olmadığı için hem de çocuk hiç hasta olmadığı için bağışıklığı hiç gelişmemiş, mücadele edecek antikor yok neredeyse"* dedi. Ne kadar üzüldük. Meğer sağlıklı bir gelişim için hasta olmaları gerekiyormuş.

Aslında başımıza gelen her sıkıntıya hep üzüntü nazarı ile bakıyoruz. Çocuğumuzu hasta eden mikrop, onu o an güçsüz kılıyor ama gelecekte daha kuvvetli olmasını sağlıyor. Hayatımızdaki sıkıntılar da böyle değil mi? Aslında o an bizi mutsuz kılar ama hayata daha sağlam adımlarla ilerlememizi sağlar.

Bütün annelik kaygılarımdan kurtuldum. Ne yaparsak yapalım herkes kendi kaderini yaşıyor. Artık vız geliyor hepsi. Olumsuza odaklanmak yoktu artık. Önemli olan olumlu bir enerji oluşturup çocuğumuza bu enerjiyi var gücümüzle verebilmekti. Onu kaybedeceğimizi hiç düşünmedik. Bu süreçte ölümle yaşam arasında çok gitti geldi. Pamuk ipliğine bağlı, her şeye hazır olun dedikleri zamanlar oldu. Ama biz hiç umudumuzu kaybetmedik. Her zaman iyileşeceği günü düşündük. Şu an gayet iyi. Ben de artık her şeyi oluruna bıraktım. Tabii ki tedbir almaya devam. Ama hasta oldular diye de dünyam kararmadı. Yiğit de bir daha sıkışmadı. Hastalığı alerjik de değilmiş. Kaygılarım hep boşunaymış.

Hasta olmalarından korkmayalım. Allah dermansız dertler vermesin sadece. Ne kadar üzüldük. Hiç unutmuyorum yengem

"DİLEK, KEŞKE HEP HASTA OLSAYDI. BENİM YAVRUM NA-
SIL MÜCADELE EDECEK ŞİMDİ?" demişti.

Tabii bu yazıları okuyunca benim çocuğum şimdiye ka-
dar hiç hasta olmadı, acaba bir sorun olacak mı diye de sakın
düşünmeyin. Her çocuğun mikroplara vermiş olduğu tepkiler
farklı olur. Çocuğunuzun hasta olmamasını bir problem gibi
algılamayın. Burada anlatmaya çalıştığım şey, böyle durumlar-
da göstermiş olduğumuz hassasiyetin doz ayarı ve gereğinden
fazla almış olduğumuz tedbirlerin yaşanacakların önüne geç-
mediği. Tedbiri elden bırakmadan biraz teslimiyetçi tarafımız-
la hayatımıza yön vermemiz gerektiğidir.

NEYMİŞ? NE YAPARSAN YAP YİNE DE HER ŞEY OLA-
CAĞINA VARIYORMUŞ

Bu sadece hastalık ile ilgi değildir. Çocuklarımız için ha-
yatlarının her döneminde karşımıza çıkan sorunlarda aynı
sakinlikte davranmalıyız. Çocuk okulda arkadaşı ile çarpışır,
biraz gözü morarır ama anne gözü çıkmış gibi davranır. Çocuk
da zamanla annesinden böyle gördüğü için küçük meseleleri
çok büyükmüş gibi algılamaya başlar. Karşısına çıkan en ufak
sorun bir anda gözünde dev olur. Çünkü aile hep abartmıştır.
O da abartmayı öğrenmiştir.

Benim Yiğit'e olan hassasiyetim devam etmiş olsaydı ne
olurdu biliyor musunuz? Yiğit'in zamanla dünya algısı deği-
şirdi. *"Dünya mikroplu, beni hep hasta ediyor. O yüzden hiç-*
bir şeye dokunmamalıyım." Zamanla da obsesif bir çocuk olup

çıkardı. Çocuklarınızın gelişimleri sizin davranışlarınızla doğru orantılı ilerler.

Gereğinden fazla gösterilen hassasiyet çocuğunuza sadece zarar verir.

Dövmüyorum
Gerekmedikçe...

U zun süredir sınıfımda gözlemlediğim bir öğrenci vardı. Okula ilk başladığı gün diğerlerinden daha minik olmasından dolayı hemen dikkatimi çekmişti. Yıllardır özel eğitimde özel gereksinimli çocuklarla çalıştığım için sınıfımdaki farklı bir çocuk ister istemez hemen ilgi alanıma giriyor. Bu minik yavrumuzda da muhtemel bir sıkıntı var mıdır düşüncesi ile hemen annesi ile görüştüm. Çok fazla rahatsızlık geçirdiğinden ve gelişiminde bir takım sıkıntılar olduğundan bahsetti. Ama ona göre gelişimdeki gerilik sadece fiziksel yapısında idi. Ama bana göre durum daha farklıydı. Kalem tutarken, kendini ifade ederken, basit işlerini yerine getirirken bile zorlanıyordu. Annesi maalesef çok hastalık geçirdiği için eline bir kalem bile vermemiş, bütün işlerini onun yerine kendisi yapmış. Bu da çocuğun bütün gelişimini olumsuz yönde etkilemiş. Ben de herhangi bir şey yapmadan önce aile çocuğunu daha iyi tanır düşüncesi ile çocuğu gözlemlemeye başladım.

İlk dönem onun için özel bir çaba gösterdim. Küçük kasları çok zayıftı ve yaşıtlarına göre daha zor öğreniyordu. Sınıfta elimden geldiği kadar her şeyi birebir göstermeye çalıştım. Ama durum çok da ailenin bahsettiği gibi gözükmüyordu. Üstelik çok devamsızlık yapıyordu. Aile de durumun yeterince farkında olamadığı için kıyamıyoruz diye özel bir çaba göstermedi.

İkinci döneme geçtiğimizde aileye çocuklarının gelişimi ile ilgili sıkıntısının sadece fiziksel değil öğrenme ile ilgili de olabileceğinden bahsettim ve bu yüzden rehberlik servisine yönlendirmek istediğimi söyledim. Aile, doğal olarak tedirgin oldu. Ertesi gün okula geldiklerinde çocuklarının zihinsel bir engelinin olmadığını bana anlatmaya çalıştılar. Ben zaten zihinsel engelli demedim ki. Sadece yaşıtlarından daha geç ve zor öğreniyordu, ilerleyen yaşlarda daha fazla zorlanmaması ve oluşabilecek sıkıntıları engellemek için alınabilecek bir önlem varsa şimdiden o önlemin alınması gerektiğini onlara anlattım. Ertesi gün anne okula geldi ve bana:

– Hocam dün akşam Ahmet'e tablet, televizyon yasağı getirdik. Oturttuk masaya, zorla yaptırdık ödevlerini. Dün ona '1' yazmayı zorla öğrettim, dedi.

İlk dönem ben tek başıma mücadele etmiştim. İşin içine rehberlik girince birden çocuğuyla ilgilenmesi gerektiği bilinci oluştu.

– Bundan sonra ona her şey yasak. Sadece ders çalışacak. Bak göreceksiniz hepsini zorla da olsa ona öğreteceğim.

Anneler neden böyle diye düşünmeye başladım. Çocukları ile ilgili bir alarm verince çok keskin dönüşler yaparak evlatlarına farkında olmadan zarar verebiliyorlar.

– Çocuğa baskı ile bir şeyler yaptırmaya çalışmak bence doğru bir davranış değil. Sen çocuğu zihinsel ve bedensel olarak geliştireceğim derken psikolojik olarak bozabilirsin. Kendisini baskı altında hisseden çocuk öğreneceği varsa da bu baskıdan dolayı öğrenemez, öğrense bile bu onu olumsuz yönde etkiler.

– Hocam, yanlış anladınız beni, dedi. Ben bu zamana kadar çocuklarıma bir tokat bile atmadım.

Ay ne kadar güzel diye içimden tam geçiriyordum ki,

– GEREKMEDİKÇE, dedi.

O an resmen şok oldum.

– Nasıl yani gerektikçe mi vuruyorsun?

– Evet, hocam ben asla haksızlık yapmam. Çocuklarım asla hak etmedikleri dayağı yemediler.

Ya gülsem mi, kızsam mı bilemedim. Ne demek hak etmedikçe... Dayağı hak edince bütün sorun ortadan kalkmış mı oluyor? Çocuk da zaten *"Evet, ben bu dayağı hak ettim, psikolojimi bozmaya gerek yok"* diyor değil mi? İnanın bazen yaşadığım olaylar karşısında ne diyeceğimi bilemiyorum, bu olayda da olduğu gibi.

Ailelere, çocukları hakkında olumsuz bir durumu anlatmaya ve gerektiği durumlarda desteklemeleri için eve ödev vermeye korkuyorum. Yapamadı diye döveni mi, psikolojik baskı ile yaptıranı mı, evde sinir krizleri geçireni mi ararsınız? Çocukların eksik yanlarını konuştuğumuzda çocuğa aptal muamelesi yapanı mı, kendilerince çocuklarındaki eksikliği tamamlamak için çılgınlar gibi ders çalıştıranı mı?

Yahu biz ödevi evde savaş çıksın diye vermiyoruz ki. Okulda ne yapmış görün, siz de birlikte tekrar edin, zorlandığı yer varsa destek olun diye veriyoruz. Aslında çok karşıyım ödev vermeye sırf bu sebeplerden dolayı ama bu sefer öğrenmenin aile destek kısmı zayıf kalıyor diye bazen vermek zorunda kalıyoruz tabii. Özellikle öğrenme zorluğu çeken çocuklara aile desteği şart. Ama bu şartlar ve uygulamalar doğrultusunda değil. Hiçbir çocuk dört dörtlük olamaz. İllaki eksik yanları olacaktır.

Şimdi belki içinizden ödevini yapmayan çocuğumuza nasıl bir yol izleyeceğiz ya da ödev saatinde nasıl davranmalıyız, diye soruyorsunuzdur. O zaman size birkaç tüyo vereyim.

En önemlisi ödeve başlamadan önce çocuğunuzun temel ihtiyaçlarını mutlaka giderin.

Birinci temel ihtiyaç oyundur. Çocuk okuldan gelince önce biraz serbest bırakın. Hava güzel veya kötü fark etmez bir sokağa salın. Biz yaz kış sokakta oynardık. Bir şey olmadı. Sizinkilere de olmaz merak etmeyin. Enerjisini bir atsın. Enerjisini atamayan çocuk, dersin başına oturunca dikkatini toplayamıyor maalesef. Dışarı çıkarmıyorsanız bile evde oynasın.

İkinci temel ihtiyaç sohbettir. Oyundan önce, sonra veya oyun esnasında sohbet edin. *"Bugün okulda ne yaptın"* diye sormuyoruz ama! *"Bugün seni neler mutlu etti? Nelerden zevk aldın? Arkadaşlarınla eğlenceli vakit geçirebildin mi? Seni üzen bir şey oldu mu?"* gibi sorular çocuklarımızın iç dünyalarını anlamamızı sağlayacaktır. Böylelikle çocuğunuza, *"Senin akademik beceri-*

lerine değil; duygularına, hislerine değer veriyorum" mesajını da vermiş olursunuz. Bu mesaj da çocuğa kendini değerli hissettirir ve çocuğun sizinle daha sağlıklı bir iletişim kurmasını sağlar.

En son da temizlik, beslenme vs. Bir elini yüzünü yıkasın, mutlaka yemeğini yesin, en sonunda da ders. Sahip olduğumuz zamanın, bunların hepsi için kısıtlı olduğunu düşünüyorsanız bu işlerin süresini ona göre ayarlayabilirsiniz.

Evet gelelim zurnanın zırt dediği yere: *DERS SAATİİİİ.* Kolay kolay hiçbir çocuk dersin başına zevkle oturmaz. Ama sorumluluk bilinci verilen çocuk zevk almasa bile sorunsuz dersini tamamlayabilir. Çocuğun başında bekleyip bağıra çağıra ders yaptırmak olmaz. Hayatı hem ona hem de kendinize zindan etmeye gerek yok aslında. İletişim diliniz bu aşamada çok önemlidir. *"Bu ödev senin sorumluluğun ve sen bunu yapmakla yükümlüsün. İstersen sana gerektiği durumlarda yardımcı olabilirim"* diye cümleye başlayabilirsiniz. *"Hem sen sorumluluk sahibi bir çocuksun, ben sana inanıyorum. Sorumluluğunu başarı ile yerine getirebilirsin."* Baktınız hâlâ yapmak istemiyor. *"Tamam, sen bilirsin. İstemiyorsan yapma. Yarın okulda öğretmen ödevini kontrol ederken gerekli açıklamayı da sen yaparsın"* deyip mevzunun içinden çıkın. Genelde bu yöntem etkili oluyor ama baktınız hâlâ yapmıyor; bırakın, hiç zorlamayın. Ama bu durumu mutlaka öğretmene bildirin. Böyle durumlarda öğretmenle iş birliği yapmak çok önemlidir.

Ertesi gün okulda öğretmen çocuğunuza gerekli uyarıları yaptığında, arkadaşları takdir görürken o uyarılara maruz kaldığında bir daha aynı şeyi yaşamamak adına sorununuz kökten çözülmüş olacaktır diye düşünüyorum. Biz buna sosyal ceza diyoruz. Bu sayede hem siz elinizi suya sabuna sokmadan sorunu-nuz çözülüyor hem de bu sebepten dolayı çocuğunuzla ilişkileri-niz bozulmamış oluyor.

Çocuk topluluk içinde sorumluluklarını yerine getirmediği için ikaz alıyorsa, yaşadığı duygusal çöküntüden dolayı aynı şey-leri bir daha yaşamamak adına aynı hatayı büyük olasılıkla tek-rar etmeyecektir. Bu herhangi bir konu için de geçerlidir. Sizin yaptıramadığınız şeyleri sırf topluluktan tepki almamak ya da tam tersi övgü almak için kendiliğinden yapabilirler. Topluluk içinde arkadaşları bir konu hakkında öğretmeninden ya da bir büyüğünden övgü alıp o sorumluluğunu yerine getirmediği için bu övgüye sahip olamıyorsa da aynı şekilde bu övgüyü kazan-mak için bir sonraki zamanda sorumluluğunu eksiksiz yerine getirecektir.

Okul öncesinde biz doğru davranışı gözlemlediğimiz zaman çocukların eline yıldız atıyoruz mesela ya da gülen yüz veriyo-ruz. İnanılmaz motive oluyorlar. O gülen yüzü almak için ertesi gün okula geldiklerinde bütün çocuklar kendilerinden beklenen davranışı yerine getirmeye çalışıyorlar. Okulda ödevini yapıp ödüllendirilen çocuğu gören ödev kaçkını çocuk, eve gelir gel-mez ödevini kendim yaparım deyip masanın başına geçiyor ve ödevini bağımsız bir şekilde gerçekten yapıyor. Çocuk aile deste-ği gereken ödevini kendi yapamıyorsa ve aile de yardımcı olama-dıysa *"Ödevimi neden yaptırmıyorsunuz?"* deyip ödevini yapmak için kavga ediyor. Ertesi gün de büyük bir hevesle okula gelip ödevlerini gösteriyorlar. Aslında bakın meselenin çözümü çok basit değil mi? *SAĞLIKLI İLETİŞİM.*

Tabii burada sevgili hocalarımıza da büyük iş düşüyor. Aileleri bu konuda bilinçlendirmek çok önemli. Çocuklarımızla sorunlarımızı çözerken uyguladığımız psikolojik ve fiziksel şiddet maalesef hayatı bizler ve çocuklarımız için daha çekilmez bir hâle sokuyor. Hiçbir çocuk aynı ritim ve yöntemle öğrenemez. Her çocuğun kendine has özellikleri vardır. Balık ağaca tırmanamaz. Siz balık ağaca tırmanamıyor diye onun aptal olduğunu düşünür ve bunu yaptırmak için balığı zorlarsanız balığa haksızlık etmiş olursunuz.

Yukarıdaki olayda da çocuğun durumu böyle değil mi? Çocuğun belli bir potansiyeli ve farklı öğrenme şekli var. Baskı ve korku ile bu iş sağlıklı olur mu? Bu aşamada çocuğunuzu tanımak ve çocuğunuza bu yönde öğrenme ortamları sunmak çok önemlidir.

Kimi çocuğun zekâsı işitseldir, duyarak daha iyi öğrenir. Kimi çocuğun zekâsı görseldir, görerek daha iyi öğrenir. Kimi çocuğun zekâsı ise duyusaldır, öğrenmesi için dokunması gerekir. Çocuklarımızı yetenekleri doğrultusunda yönlendirerek onların içlerindeki gizli gücü ortaya çıkarmak onlar için yapacağınız en mükemmel iyiliktir.

Evet, sevgili anne ve baba büyük görev sizde. Önce çocuklarımızı olduğu gibi kabul etmek ve gerekli zamanlarda uygun yollarla desteklemek bizlerin birinci analık ve babalık görevidir. Ben hep çocuklarımın geleceği için önce ailesine, komşusuna, arkadaşına, milletine, vatanına hayırlı bir insan olsun diye dua ediyorum. Mesele sadece karın doyurmaksa helal yollardan nasip etsin.

Önce mutlu bir insan olsun, gerisi zaten olur.

Nur Topu Gibi Bir
Tikimiz Oldu

Geçen sene evimizin tadilat işlerinden dolayı bir hafta Eskişehir'de kaldım. Büyük oğlum Kerem de hafta sonu babaannesi ile Hendek'e gitmişti. Beklemediğimiz bir anda bu iş ortaya çıktığı için Kerem'i alamadan gittim. Gebze'ye döndüğünde bensiz bir hafta geçirmek zorunda kaldı. Kerem aslında babaannesini çok sever hatta benden hiç ayırmaz. Fakat Kerem Gebze'ye döndükten sonra, ne zaman telefonla konuşsak *"Anne neredesin, seni çok özledim"* deyip ağlamaya başlıyordu. Gebze'ye döndüğünde beni görememek onu kaygılandırmış diye düşünüp emin ellerde de olduğunu bildiğimden olayın üzerinde çok durmadım. Ama birkaç gün sonra eşim beni arayıp Kerem'in değişik hareketler yaptığını ve bunu sürekli tekrarladığını söyledi. Hemen bir video çekip bana yollamasını istedim. Videoda Kerem'in sürekli kulağını omzuna sürttüğünü gördüm, yani bir çeşit tik geliştirmiş. Tabii videoyu izleyince çok üzüldüm. Yavrumun o masum yüreği ona ne düşündürtmüştü ki o, bu düşünceyle baş edemeyip tik geliştirmişti.

Hemen eşimi geri arayıp ben gelinceye kadar kesinlikle bu konu hakkında çocuğa hiçbir şey söylememelerini istedim. Nitekim birkaç gün sonra da geldim. Kerem beni görünce hemen boynuma sarıldı ve ağlamaya başladı. *"Anne sen neredeydin, ben seni çok merak ettim, bir daha hiç gelmeyeceksin sandım"* diyerek yaklaşık on dakika hiç kucağımdan kalkmadı.

Genelde çocuklar, anneleri tarafından *"Artık senin annen değilim, başkalarının annesi olacağım, bırakıp gideceğim sizi"* şeklinde tehdit edildiklerinde bu terk edilme kaygısını yaşarlar. Kerem asla benden böyle bir şey duymamış olmasına rağmen yine de çok kaygılanmıştı. Çünkü iç dünyasında benim neden gittiğimi ve neden gelmediğimi anlamlandıramamıştı.

Burada benim yaptığım en büyük hata, Kerem'e Eskişehir'e gitmem gerektiğini, onu uzakta olduğundan dolayı götüremediğimi, Gebze'ye geldiğinde birkaç gün beni göremeyeceğini ama mutlaka geri döneceğimi söylememem oldu. Hayatımızda oluşan ufak bir değişikliği bile açıklamamak, neden niçin anlatmamak, çocukta bir travmaya sebep olabiliyor maalesef. O an hep boşanmış anne ve babaların çocuklarını düşündüm. Küçücük yürekleri ile nelerle mücadele etmek zorunda kalıyorlar. Benim oğlumun annesi geri döndü, bir de gidip de dönmeyen ya da dönemeyen annelerin babaların yavruları var değil mi?

Kerem, ilerleyen günlerde aynı şekilde bu yeni tikine devam etti. Artık nur topu gibi bir tikimiz olmuştu. Karşıdan bakınca çok komik geliyor sürekli kulağını omzuna sürten bir çocuk. Çok gülesim geliyordu ama tutuyordum tabii kendimi. Hiç yorum yapmadım bu davranışı ile ilgili. Neden niçin yapıyorsun demedim. Yapma da demedim. Çünkü o beni kaybetme korkusunun onda yarattığı huzursuzluğu, bu tiki geliştirerek ifade etmeye çalışmıştı. Bilinçaltı ona farklı bir oyun oynuyordu. Çocuklar kendilerini stres altında hissettikleri zaman böyle tikler geliştirebilirler. Tırnak yiyebilir, altını ıslatabilir, kekeleyebilir, bu zamana kadar hiç yapmadığı bir davranışı sergileyebilir. Aslında bu durum çocuğunuzun size beden dili ile verdiği bir mesajdır.

"BENİM BİR SORUNUM VAR, BENİ ANLAMAN GEREKİYOR, KENDİMİ MUTSUZ VE GERGİN HİSSEDİYORUM, STRESLE BAŞA ÇIKAMIYORUM VE BU SORUNU ÇÖZEMİYORUM, SANA VE YARDIMINA İHTİYACIM VAR" demek istiyordur çocuk.

Bu durum gerçekten sabır isteyen bir süreçtir. Çocuğunuzun bu olumsuz davranışları ve tekrarlayan tikleri sizi tedirgin edip sinirlerinizi bozabilir ve siz bu öfke hâlinden dolayı çocuğunuza uygun olmayan davranışlar sergileyip olayı daha çıkmaz bir hâle sokabilirsiniz. Bu aşamada onu anlamanız, davranışın altında yatan sebebi fark etmeniz ve bu doğrultuda psikolojik destek vermeniz çok önemli. Çocuğun geliştirdiği olumsuz davranışla değil, onun altında yatan sebeple ilgilenmeniz gerekir.

Benim babam iki yaşında bir şeyden korkup kekelemeye başlamış. Babaannem de bunu düzeltmek için babamı hoca hoca gezdirmiş. O zaman doktor bilinci çok yok tabii ki. Babamın üzerine düştükçe, kekeleme diye kızdıkça babam daha fazla kekelemeye başlamış. Aslında o an yaşadığı korkuya bağlı olarak tepki geliştirmiş. Babaannem de olayı çözmeye çalıştıkça aslında davranışın daha kalıcı hâle gelmesine sebep olmuş farkında olmadan ve babam şu an 65 yaşında, hâlâ heyecanlandığı zaman kekeler. Bu davranışın neden çözülemediğini anladınız mı? Çünkü babam bu davranışı ile o dönemde hem babaannemin dikkatini çekmeyi başarmış ve bu ilgiyi kaybetmemek için davranışına devam etmiş, hem de stresle baş edebilmek için geliştirdiği bu davranışı, üzerinde kurulan yeni bir baskıdan dolayı kendi dünyasında içselleştirmiş. Babaannem o dönemde kekelemesi ile değil de neden kekelediği ile ilgilenseydi, sorun çok rahat çözülebilirdi belki de.

Çoğu annenin yaptığı hata da budur. Biz hep olumsuz davranışı ortadan kaldırmaya çalışıyoruz. Aslında olması gereken olumsuz davranışa sebep olan sorunu bulup çözmektir ve bu süreçte çocuğa kendini güvende hissetmesini sağlamaktır.

Kerem neden tik geliştirdi? Beni göremediği için. Peki, ben bu kısmı görmezden gelip yapmış olduğu harekete odaklansaydım ne olurdu? Nur topu gibi yeni doğmuş tikimiz, Kerem'le birlikte gelişip büyür giderdi. Zaman zaman onu bırakır yerine yeni tikler bile koyabilirdi. Ama ben Kerem'e sevgi ile yaklaştım. Beni neden göremediğini günlerce sordu. Ben de hiç usanmadan ona anlattım ve sürekli ona, onu çok sevdiğimi, asla onu bu şekilde haber vermeden bir daha bırakıp gitmeyeceğimi, burada hata yaptığımı ve bundan dolayı ondan çok özür dilediğimi söyleyip durdum. Yaklaşık bir ay sonra o da bu tikini bıraktı. Yapmış olduğu davranışı değil, ona bunu yaptıran o olumsuz duyguyu düzeltmeye çalıştım.

Çocuklarınızın yapmış olduğu her davranışın mutlaka bir sebebi vardır. İyi veya kötü fark etmez. Çocuklar dünyayı, hayatı ve yaşanan olayları bizim gibi algılayıp yorumlayamazlar. Onların bir yetişkin gibi düşünmesini ve hayatı bizim gibi yorumlamasını istemek, horozun yumurtlamasını beklemek gibi bir şeydir. Çocuklar yaşadıkları olumsuzlukları bir yetişkin gibi yorumlayıp çözüm yolları bulamayacağı için olayları içselleştirir ve olumsuz davranış olarak ortaya koyar. Çünkü o tepkisini başka türlü nasıl ortaya koyacağını, kendini size nasıl ifade edeceğini bilemez. İçgüdüsel olarak hareket eder.

Eve yeni gelen kardeşi yastıkla boğma davranışı, kasıtlı bir hareket değildir. İçgüdüsel bir harekettir. Orada yapmış olduğu eylem zarar verme isteği değil, onu rahatsız eden bu durumu ortadan kaldırma arzusudur. Siz aradaki dengeyi kuramadığınız için çocuk böyle bir eylemi gerçekleştirir. Aslında bu süreçte siz kendi tutumlarınıza dikkat edip dengeyi kursaydınız, çocukta değersizlik hissi oluşmazdı. Çocuk da kendisinin düzenini bozan bu varlığı ortadan kaldırmak istemezdi. Bakın gördünüz mü? Çocukların olumsuz davranışlarının altında yetişkinlerin olumsuz tutum ve davranışları yer alıyor.

Sebep tabii her zaman biz olmayız. Bu konu ile ilgili yakın çevresi de çok büyük rol oynar. Dedesi, babaannesi, amcası, dayısı, teyzesi, arkadaşı kısaca çevresinde etkileşim içerisinde olduğu her kim varsa. Tabii ki hayatımız boyunca sürekli kurallar doğrultusunda hareket edemeyiz ya da her hareketimizi ölçüp tartamayız. Ama genel çerçevede tutarlı olmak, sevgi ve saygı içerisinde hareket etmek çok önemlidir. Ben de sürekli böyle davranırsam ne olur deyip ölçüp biçemiyorum tabii ki. Yapmış olduğum hatayı bazen onların vermiş olduğu tepkiler doğrultusunda anlıyorum.

Sorunlar elbet var olacaktır. Yukarıda da bahsettiğim gibi sorun odaklı değil, çözüm odaklı hareket etmeliyiz. Çocuk size veya çevresine karşı olumsuz tavır içerisinde kaldığı zaman, bu sorunu anlayıp birlikte çözüm yolları bulmak ve olaya sevgi ile yaklaşmak, zaman içerisinde çocuğunuzun kendi hatalarını keşfedip kendi kendine çözüm yolları bulmasına olanak sağlayacaktır. Zamanla iç denetimini yapmaya başlayıp karşılaşmış olduğu sorunlar karşısında problem davranış geliştirmek yerine sizinle iletişime geçmeye çalışacaktır.

Tabii bu noktada en önemli olan faktörlerden biri de güvendir. Yetişkinlerde olduğu gibi çocuklar da en güvendiklerine yüreklerini açarlar. O yüzdendir ki *GÜVEN, SAYGI VE SEVGİ* gelişimin en önemli üç temel ayağıdır. Bunlardan birinin eksikliği, sürekli karşınıza problem davranış olarak ortaya çıkar. Çocuğum neden böyle davranıyor değil, ne oldu da böyle davranmaya başladı? Bunu sorgulamaya başladığınız an, olayları çözmek adına en büyük adımı attınız demektir.

Problem onlarda değil, bizim tutum ve davranışlarımızda...

(Bazen sebep sadece biyolojik faktörler olabilir. Böyle durumlarda farklı şekilde destek almanız gerekir.)

"Sen Ne Kadar Mükemmelsin de Benden Mükemmel Olmamı Bekliyorsun?"

Evliliğimizin ilk yılları idi. Birçok yeni evlenen çiftte olabileceği gibi ben de evliliğimin ilk birkaç yılı rahatlıktan ve sürekli dışarıda yemek yemekten beş kilo almışım farkında olmadan. Hemen alarm verip bir spor salonuna yazıldık eşimle beraber. Spor salonunda bir baba ve oğul daha ilk günden dikkatimi çekti. Çocuk tahmini on iki, on üç yaşlarındadır. Biraz da kilolu ama asla şişman denilecek kadar değil. Çocuk dikkatimi çekti çünkü durmadan egzersiz yapıyor, babası da başında dakika tutup devamlı söyleniyordu. Ne konuştuklarını duymuyorum ama çocuğun suratından belli, inanılmaz mutsuz ve memnuniyetsiz. Herhâlde zor geliyor spor yapmak diye düşündüm. Ama gelip gittikçe memnuniyetsizliğinin yapmış olduğu spordan daha çok babasından kaynaklı olduğunu düşünmeye başladım. Bu baba ve oğlunun spor salonunda olduğu bir gün eşime, yanlarına gidip dinleyeceğim onları dedim. Eşim çok razı olmadı ama ben yine de yanlarına gittim. Koşu bandında koşan çocuğun hemen yanındaki banda geçtim. Çocuk yine mutsuz koşmaya çalışıyor. Birkaç dakika sonra baba söylenmeye başladı:

– Hadi çok yavaşsın, daha hızlı koşmalısın.

– Baba çok yoruldum koşamıyorum.

– Kaç kere söyledim sana, yorulmak yok koşmak zorundasın. Hem böyle hayvan gibi yiyip göbeğini, kıçını büyütmeden önce düşünecektin bunları.

Şok oldum duyduklarımın karşısında, bir çocukla nasıl böyle konuşabilir ki bir baba? Üstelik bu çocuk senin evladın.

– Ya baba utanıyorum, niye böyle söylüyorsun?

– Kapat çeneni geri zekâlı, bok gibi yedin her şeyden, böyle öküz gibi oldun. Boş sohbet etmeyi bırak, koşmaya devam et.

Adamın boğazını sıkmamak için zor tuttum kendimi. Konuşmaya daha fazla şahit olacak bir yüreğe sahip olmadığım için koşu bandından indim. Eşimin yanına gittim. Sinirden ellerim titriyordu. Eşime *"Ne olur git şu adamın ağzını burnunu kır. Çocuğa neler söylüyor"* dedim. Eşim beni sakinleştirmeye çalışırken onlar da koşu bandından inip yanımızdaki bisiklete bindiler.

– Hadi bakalım hayvan herif, on beş dakika da bisiklete bineceksin.

Çocukla göz göze geldik, onları duyduğumu anlayıp utanmasın diye hemen kafamı çevirdim. Çocuk bisiklete bindi ama babanın ağzı durmuyordu.

– Senin kadar beceriksiz bir çocuğa nasıl sahip oldum. Allah'ın bana bir cezasısın sen. Hem şişman hem beceriksizsin. Hiçbir haltı doğru düzgün yapamıyorsun. Bari iki pedalı doğru çevir. Hem buradan çıkınca matematik dersine gideceksin. Bu matematik sınavından da 100 alamazsan senin ağzına yüzüne sıçarım.

(Küfürlerden dolayı özür diliyorum ama aynı şekilde yansıtmak istedim.)

– Çok yoruldum ve acıktım baba. Önce biraz dinlenip yemek yiyelim.

– Olmaz. Sen derse gideceksin. Bu zamana kadar yiyip içip böyle öküz gibi olmasaydın, buralarda olmak zorunda kalmazdın. Cezasını çek şimdi. Benim senin gibi şişman ve beceriksiz bir çocuğum olamaz. Her şeyin en mükemmelini yapmak zorundasın. Sen yapamazsan bile ben sana döve döve yaptırırım.

Artık bu duyduklarımız karşısında eşim de tepkisiz kalamadı.

– Ayıp olmuyor mu arkadaşım? Karşındaki küçük bir çocuk daha. Nasıl konuşuyorsunuz öyle?

Adam dönüp bize ters ters baktı. Bir şey söylemeden çocuğa dönüp,

– Hadi geri zekâlı gidiyoruz.

Çocuk başını önüne eğerek indi ve sessizce babasının arkasından gitti. Çocuk gitti ama benim yüreğim de onunla birlikte gitti. Karakola gidip adamı hemen şikâyet etmek istedim. O çocuk, o adamın elinden kurtarılmalıydı. Adam bile demek istemiyorum aslında o mahlûkata. Adam lafı büyük gelir, o ruhsuz bedene. Moralim çok bozuldu tabii, yönetimin yanına gidip olayı ve bundan duyduğumuz rahatsızlığı anlattık. Yönetim de salon içerisinde uygun davranışlarda bulunmadığı ve diğer müşterileri olumsuz yönde etkilediği gerekçesi ile adamın üyeliğini iptal etti. Bu bir çeşit çözüm değildi elbet ama mesele beni çok aşan bir durumdu.

O gün çocuğun durumu ile ilgili bir tanıdığıma fikir danıştım bir şey yapılabilir mi diye. Ancak yapabileceğim hiçbir şey olmadığını öğrendim. Zaten o günden sonra ben de spor salonuna gidemedim. Hem oraya gittikçe çok gerilecektim hem de o sıralar Kerem'e hamile olduğumu öğrendim.

Ama yıllar geçti ben o çocuğu hiç unutmadım. Baba muhtemelen gerçekleştiremediği hayallerini çocuğunun üzerinden başarmaya çalışıyordu. Kafasındaki o mükemmel tanıma uymadığı için çocuğa resmen eziyet ediyordu. Baba belki de kendi çocukluğunda aynı muameleleri gördü. Muhtemelen de ailesine kendini kanıtlayamadı. Şimdi çocuğunu, kendine ve ailesine kanıtlamaya çalışıyordu. Tabii bunlar ihtimal düşünceler. Ya da sadece hasta düşünceli bir beyindi. İnanıyorum ki babanın bu hastalıklı yaklaşımı ona çocukluğundan mirastı. Şimdi bu mirası çocuğuna devrediyordu. O çocuk büyüyünce nasıl bir birey olacaktı acaba? Ben çocuğa uygulanan böyle bir psikolojik şiddeti hayatımın hiçbir noktasında görmedim.

Belki farkında değilsiniz ama eğer siz de mükemmeliyetçi düşünce içerisindeyseniz bu kadar ağır olmasa da psikolojik şiddet uyguluyorsunuzdur. Kafanızda çocuğunuz için bir resim çiziyorsunuz ve hayalinizdeki bu resmin en ufak ayrıntısını bile çocuğunuzda görmek istiyorsunuz. Çocuğunuza hiçbir hata payı vermeden çocuğunuzdan her şeyin en iyisini yapmasını bekliyorsunuz belki de. Kimse her şeyin en iyisini yapamaz ki.

Okul hayatı başarılı olsun, arkadaş ilişkileri iyi olsun, farklı spor dalları ile ilgilensin, iyi İngilizce konuşsun, sınıfta hep derece alsın, en az bir müzik aleti çalsın. Yahu robot mu bu? İmal edilmeden önce istediğin programları yükle, vakti geldikçe aktifleştir. Böyle bir düşünce yapısı hastalıklıdır. Kişinin kendisine ve etrafına zarar verir. Çocuk bir konuda fire versin, bütün alarmları aktif hâle getiriyorsunuz.

Çevremde çok olmasa da birkaç şahit olduğum insan var. Sürekli çocuğunu özel dersten özel derse götüren, kurstan kursa taşıyan... İletişim şekilleri de hep bu yönde oluyor. Çocuklarına hayatta her şeyi başarmaları gerektiği konusunda baskı uygulayıp duruyorlar. Çocukları başarılı olursa her zaman kazanacaktır ve anne babaları da mutlu olacaktır. Çocuk da anne ve babasını mutlu etmek için kendini gerçekleştiremeden debelenip duracaktır.

Karşımızdaki bir çocuk... Kendine has yetenekleri ve ilgileri var. Belki sizin çocuğunuzdan beklentileriniz onun isteği ve yeteneği dışındadır. Birçok alanda kurallar ve sınırlar koyduğunuz bu çocuklar, sizin içine sokmaya çalıştığınız kalıba dar veya geniş gelecek ne biliyorsunuz? Üstelik bir de sokmak istediğiniz kalıba uymadığı durumda daha keskin kurallar ve cezalarla çocuğunuzun karşısına çıkıyorsunuz.

PEKİ BU ÇOCUKLARIN PSİKOLOJİLERİ NE OLUYOR?

"HARABE..."

Yaşamlarının her alanında her şeyin en iyisini yapmaya çalışan, başaramayınca da hayatı hayal kırıklığı ile dolu harika bir gelecek onları bekliyor. Üstelik çocuk, size kendini kanıtlamak adına, sürekli ders çalışıp kurstan kursa gezdiği için yeterince sosyalleşemiyor. Dostluk, paylaşma ve kabul görme duygusundan uzak bir kişilik geliştiriyor. Sizin kurmuş olduğunuz baskı, hatta bazen yukarıdaki örnekte olduğu gibi yapmış olduğunuz hakaretler çocukların yüreklerinde hayatları boyunca taşıyacakları koca bir umutsuzluk ve mutsuzluk oluyor. Bunun yanı sıra çocukta gelişen kızgınlık, öfke ve bunu bastırma çabasının getirdiği bir sürü psikolojik sorunla uğraşmak zorunda kalıyor. Gerçekten mükemmel(!) bir çocuk yetiştiriyorsunuz.

Hayat, çocuklarınıza verdiğiniz imkânları her zaman gümüş tepside onlara sunmayacaktır. Her başaramadığında, yenildiğinde bunu aslanlar gibi üstlenemeyecektir. Çünkü siz onu mükemmel olmaya inandırdınız. Bunu yeri geldi bütün imkânları önüne sunarak yaptınız, yeri geldi psikolojik ve bedensel şiddet uygulayarak yaptınız. O her şartta başarmak zorunda ve bu uğurda feda edilebilecek her şeyi feda etmek durumundadır. Hayata ve insanlara bakış açısı da bu şekilde olacaktır. Çocukluğunda da muhtemelen sürekli ders çalıştığı için onu insan yapan değerleri öğrenemeyecektir. Her konuda hırslı ve bu hırsta önüne geleni yakan sevimsiz bir birey... Üstelik sürekli ezildiği için iletişim şeklini başkalarını ezmek olarak algılayan harika pırıl pırıl(!) bir genç.

Ne oldu şimdi?

Mükemmeliyetçi anne babanın, mükemmeliyetçi, hırslı, psikolojisi bozuk, bir depresyondan diğerine giren müthiş bir çocuğu oldu. Üstelik kariyer sahibi...

Sevgili anne ve baba, çizilen tablo ve eseriniz ortada...

Önemli olan, çocuklarımıza sadece başarı güdüsü kazandırmak değildir. Önemli olan onları her şartta sevdiğinizi göstermek ve onun yanında olacağınızı hissettirmektir.

Çocuğunun Yaramaz Olduğunu Düşünüyorsan İşte O Zaman Sen Çok Şanslı Bir Annesin

Çünkü çocuğun doğasında keşfetmek ve hareket vardır. Çocuk yerinde durmuyorsa, durmadan soru soruyorsa bir de her şeyi ben yaparım diyorsa işte, kesinlikle en şanslı anne ve babasın. Asla bu durumdan şikâyet etme ve çocuğunun hareketlerini, sorularını, ilgisini, heyecanını sakın lıa törpüleme. Ben sınıfımda böyle çocuklar görünce acayip mutlu oluyorum. Çünkü onlar hayatları boyunca kimseye muhtaç olmadan, kendilerine ve etraflarına hep yetme gücüne sahip olan kişiler olacaktır. Tabii köreltmezsen.

Anneler bazen yanımıza gelip, *"Benim oğlum çok yaramaz, okulda da öyle mi?"* diye soruyor. Ama yüzlerinde bir sıkılganlık bir mahcubiyet... Diyorum ki *"Neden üzülüyorsun? Çocuk dediğin hareketli olur. Yaşlı mı o? Kolu bacağı tutmuyor mu? Ne-*

den sus pus otursun? Hem ben böyle hareketli çocuk görünce çok mutlu oluyorum" deyince de insanlar şaşırıyor tabii. Bu anneler maalesef çocuklarının sürekli yaramaz olarak etiketlenip kendilerine şikâyet edilmelerine alışmışlar ve bu yüzden çocuklarını eksik olarak görmeye başlamışlar. Eksiği yok, fazlası var. Merak ediyor, karıştırıyor, soru soruyor, ilgileniyor, bir çocukta olmasını istediğimiz birçok yeteneğe sahip.

Benim büyük oğlum da çok hareketliydi. Şikâyet edenlere, *"Çocuk dediğin hareket eder, biblo mu o sabit duracak?"* derdim. Siz de öyle deyin hareketliliğinden dolayı çocuğunuzu size şikâyet eden insanlara. Bir daha çocuğunuz hakkında bir şey demeye çekiniyorlar. Baktım çok rahatsızlık duyuluyor bir daha gitmiyorum evlerine olup bitiyor. Kimse kusura bakmasın, birileri benim çocuğumun sesi kesilince huzurlu olacak diye ben çocuğumu hırpalayamam. Otur, kalkma, konuşma demek başkaları için çocuğun özgürlüğünü, kendini gerçekleştirme becerisini törpülemek demektir. Tabii milletin tabağını, çanağını kırsın demiyorum. Malına, çocuğuna zarar versin de demiyorum. Ama yok koltuktan atladı, yok çok soru soruyor, yok çok konuşuyor gibi şeyler demesin lütfen kimse kimseye.

Benim oğlum iki yaşında iken masalardan atlıyordu. Bir yere gittiğimizde önce o evde kırılma ihtimali olan eşyaları topluyordum. Şimdi bu son cümleyi okuyanlardan bazıları eşyaları ortadan kaldırmayı istemeyebilir. Çocuğunuz çok hareketli ise ve sürekli bu eşyalara zarar veriyorsa o eşya ortadan mutlaka kalkmalı. Çünkü siz o eşyayı korumaya çalışırken çocuğunuzu kısıtlamış oluyorsunuz. Ya da bazı çocuklar gerçekten hiç zarar vermiyor. Bu yüzden de kaldırmaya gerek kalmıyor.

Nitekim benim oğlum bir dakika yerinde duramayan, sürekli soru soran, sürekli her şeyi kıran meraklı bir çocuktu. Ben hareket alanını kısıtlamadım. Ama başkasının çocuğuna, malına zarar verecek hareketlerinde bunu neden yapmaması gerektiğini anlattım ve yapmasına izin vermedim. Ama zıplasın, tırmansın, sorsun, karıştırsın hiç engel olmadım. Her şeyi keşfetmesine izin verdim, hatta bu keşiflerde ben de ona eşlik ettim.

Birlikte çok mutfak dolaplarını boşaltıp tahta kaşıklarla tencere tavaya vurarak şarkı söylemişizdir. Hiçbir şey yapamıyorsak müziği açıp dakikalarca dans ederdik. Masa başında oturmayı hiç sevmedi. Biz de tebeşirle duvarlara resim yaptık. Yerlere büyük büyük kâğıtlar yapıştırdık, özgürce karalamasına izin verdik. Kalem tutmayı sevmedi, çizgi çizmek istemedi, sayıları yazmak istemedi. Biz de pirinçleri fırın tepsilerine döktük. Sayıları, şekilleri parmağı ile tepsiye çizerek öğrenmesini sağladık. Arkadaşları ile paylaşmak istemedi. Bir çuval hikâye kitabı aldık. En yakınımızdaki okula gittik. Kendi elleri ile birçok çocuğa hikâye kitabı dağıttı. Paylaşmanın mutluğunu yaşayarak öğrendi.

Yapmak istemediği hiçbir şey için zorlamadım onu, neden yapması gerektiğini anlattım, yine de yapmak istemediyse sonuçlarını görmesi için kendi haline bıraktım.

"Atlama, düşersin" demedim. *"Oradan düşersen canın acıyabilir"* dedim. *"YAPMA, DOKUNMA, ATLAMA, ZIPLAMA, VURMA, ELLEME, SIKMA, DÖKME, GİTME, GELME"* demedim. Çünkü beyin, cümlelerin kökünü alır diğerini duymaz. Onları durdurmak için söylediğiniz sözleri çocuk *"YAP, DOKUN, ATLA, ZIPLA, VUR, ELLE, SIK, DÖK, GİT, GEL"* olarak anlıyor. O yüzden bütün ikazların tam tersini yapıyorlar.

Hareketli çocuklar için *"Sanki içinde kurt var"* derdi önceden büyüklerimiz. Evet içlerinde kurt var, meraklı kıvrım kıvrım bir kurt. O kurt kıpırdadıkça çocuk da yerinde duramıyor. Elinde değil yani hatta farkında bile değil. Çünkü onun için bu doğal.

Bu çocukları durdurmaya çalışmak, onlar için yapılacak en büyük kötülüktür. Çocuğa bağırmak, hırpalamak onun daha fazla hareketlenmesine, etrafına daha fazla zarar vermesine sebep olacaktır. Üstelik ilişkiniz zarar görecektir. Çocuk içindeki enerjiyi nasıl yönlendireceğini bilmezse kafası sağlıklı bilgiyle doldurulmazsa sevgi ile yönlendirilmezse o fıldır fıldır çalışan beyin muzurluğa çalışmaya başlayacaktır. En azılı katiller de bilim adamları da bu tarz çocuklardan çıkıyor unutmayın.

Sırık fasulyelerine sırığı nasıl dikerseniz, fasulye o yönde büyür. Fasulye çocuklarınız, sırık da sizlersiniz. Sırığı ne tarafa dikerseniz fasulye o yönde büyüyecektir. Farklı öğrenme seçenekleri ile çocuğunuza kendilerini geliştirebilecekleri, enerjilerini atabilecekleri ortamlar hazırlayabilirsiniz.

Bir de bunun tam tersi, toplum tarafından kabul gören ve çok tercih edilen sakin, uysal, annesi bir şey demeden yerinden kalkmayan, kendi söylediğini duyamayacak kadar alçak sesle konuşan, her şeyi olduğu gibi kabul eden çocuklar var. İşte bu çocukların anneleri bunu bir üstünlük olarak asla görmesin. Bu çocukların duygusal olarak desteklenmesi gerekmektedir ve kendilerini gerçekleştirebilmelerine imkân sağlayacak ortamlar sunulmalıdır. Bir an önce harekete geçin. Kendini ifade edebileceği kurslara yönlendirin, öz güvenini destekleyecek işler verin ve acilen çok yaramaz bir arkadaş edinin.

"Bu Çocuk Neden Her Şeyi Ağlayarak Yaptırmak İstiyor?"

Okulumuzda aile eğitim programı için kısa bir anket hazırlamıştık. Velilere sorduk: *"Çocuklarınızla yaşadığınız en önemli sorunlar nelerdir? Kısa bir cümle ile anlatın."* Velilerin büyük bir çoğunluğu kardeş kıskançlığından, kardeş kavgasından ve her şeyi ağlayarak yaptırmalarından bahsetmiş.

Şimdi gelelim her şeyi ağlayarak yaptıran çocuklara. Neden böyle olduğunu düşünmenizi istiyorum. Neden sürekli ağlayarak kendini ifade etmeye çalışıyor? Siz bu davranışın ortaya çıkmasında nasıl roller aldınız? Ne zamandır böyle davranıyor? Bunu alttaki boşluğa yazmanızı istiyorum.

....

....

....

....

Şimdi bu konu hakkında biraz konuşalım. Çocuklarınız sadece bir çocuk değildir. Ne demiştik, onlar da bir birey. Onlar da hayatı deneme yanılma yolu ile öğreniyorlar. Tıpkı sizler gibi. Siz bunun adına tecrübe diyorsunuz. Onlar da tuzak. Neden mi tuzak? Çünkü çocuklar sizinle iletişime geçerken siz farkında olmadan sürekli tuzaklar hazırlar ve siz bu tuzaklara nasıl tepki verirseniz onlar da sizinle öyle bir iletişim dili geliştirir. Bunu bir örnekle açıklayayım size.

Ahmet annesi ile alışveriş merkezinde gezerken oyuncakçının önünden geçerler. O arada Ahmet'in gözüne bir araba takılır. Annesinden bu oyuncağı ister ve anne *"Hayır"* der. Ahmet annesini dükkâna çekiştirir, ısrarla istemeye devam eder. Ama anne yanlarında yeterince para olmadığını söyler. Ahmet ağlamaya, bağırmaya hatta kendini yerlere atmaya başlar. Karşıdan gören sanır ki çocuğa bir şey yaptın. Tabii bu el âlem ne der baskısından dolayı *"Tamam"* der anne ve çocuğu dükkâna sokar istediği arabayı alır.

Eveetttt, hayırlı olsun bakalım!

YENİ İLETİŞİM DİLİNİZ: "AĞLADIĞIM ZAMAN BAŞARIYORUM."

Çocuk size tuzağı hazırladı ve siz bu tuzağa düştünüz. Çocuk da sizi nasıl ve hangi yöntemle tuzağa düşürdüğünü keşfetti. *"Demek ki ağladığım zaman işler benim istediğim gibi ilerliyor. Bundan sonra her istediğimi ağlayarak yerine getirtebilirim."* Bundan sonraki birkaç denemede de başarılı olduysa artık ağlama davranışı kalıcı davranışa dönüştü demektir. Tabii siz genelde olayın ilk başlangıç anını hatırlayamazsınız. Çünkü bunun bir tuzak olduğunu bilmediğiniz için olaya da verdiğiniz tepkiye de dikkat etmediniz.

Mesleğimden dolayı maalesef benim çocuklarım çok şanssız, o tuzaklara hiç düşüremediler beni. Her şeyden habersiz masum anne ve baba ne bilecekler, boyu anca beş karış olan çocuğunun kendine tuzak hazırladığını. Boşuna demiyormuşuz değil mi *O SADECE BİR ÇOCUK DEĞİL* diye. Bakın ne oyunlar yapıyor size.

Tabii siz belli bir süreden sonra bu ağlama davranışından sıkıldığınız için artık ağladığı zaman isteklerini yapmamaya karar verdiniz. Çok kararlısınız. İşte o heyecanla beklediğiniz an. Çocuk uygun olmayan bir istekte bulundu, siz de "HAYIR" dediniz. Çocuk her zamanki gibi başladı ağlamaya. *"Tamam ağlasın"* dediniz. *"Kesinlikle istediğini yapmayacağım."* Çocuk daha fazla ağlamaya başladı ama siz kararlısınız. Kesinlikle yapmayacaksınız. Çocuk ağlama dozunu gittikçe artırıyor. Sizin içinizin yağları erimeye başladı ama siz çok kararlısınız. Çocuk da bir yandan düşünüyor. *"Ne oldu yav bunlara, isteğimi şimdiye kadar yapmaları gerekiyordu. Bu işte bir aksilik var. Kesin bunlar olayı çakozladı. Yeni bir tuzak düşünmeliyim. Dur avazım çıktığı kadar bağırayım hatta kendimi yerlere atayım."*

Başladı çocuğunuz hem bağırmaya hem de yerleri tekmelemeye. Tepki gittikçe artıyordu ama siz bir kere kararlısınız. Baktı çocuk bu da sökmedi, en iyisi kafayı vurayım yerlere belki bu sefer olur diye düşündü. Başladı kafayı tak tak vurmaya. Eyvah! Ne oluyor dediniz, hemen çocuğun yanına koştunuz: *"Ne yapıyorsun oğlum?"* deyip ayağa kaldırdınız. Çünkü o an muhtemel bir kafa travması geçirmesinden korktunuz. Bu arada hemen isteğini de yerine getirdiniz. Ohhhh, hayırlı olsun! Gereksiz yere ağlamanın yanına, bir de çok güzel kafayı vurma davranışı kazandırdınız. Yine tuzağa düştünüz maalesef. Çocuk *"Tamam"* dedi. *"Demek ki ağlamanın yanına, bir de kafa vurmayı koyduk mu, her dediğim yapılır artık. İmparatorluğumu kesin kurdum."*

Sonra diyorsunuz ki bu çocuk neden ağlayarak yaptırıyor her şeyi. Hiç böyle düşünmüş müydünüz? Yukarıdaki cevabınız burada yazılanlarla ne kadar orantılı? Bence çoğunuz bu olayın bu şekilde geliştiğinin farkında bile değilsiniz.

Şimdi bir daha, olayın başına dönelim, ama farklı bir versiyonla tamamlayalım. Bakalım bu sefer ne olacak?

Ahmet annesi ile alışveriş merkezinde gezerken oyuncakçının önünden geçerler. O arada Ahmet'in gözüne bir araba takılır. Annesinden bu oyuncağı ister ve anne *"Hayır"* der. Ahmet annesini dükkâna çekiştirir, ısrarla istemeye devam eder. Ama anne yanlarında yeterince para olmadığını söyler. Ahmet ağlamaya, bağırmaya hatta kendini yerlere atmaya başlar. Karşıdan gören sanır ki çocuğa bir şey yaptın. Anne çocuğunun bu davranışından rahatsızlık duyar ama el âlemin ne düşündüğü önemli değildir. Çocuğun elini bırakır. *"Tamam, sen burada istediğin kadar ağlayabilirsin, ben seni ileride bekliyor olacağım. Sustuğun zaman yanıma gelebilirsin, üstelik istediğin kadar ağla ama şu an yanımda o arabayı alacak para yok. Hem biliyor musun yanımda para olsaydı bile sana bu arabayı almazdım. Çünkü bu şekilde davranman hiç hoşuma gitmedi"* der ve çocuğun elini bırakarak biraz ileride beklemeye başlar.

Bunu ilk defa yaşıyorsanız, çocuğunuz birkaç dakika içinde dudağını bükerek yanınıza gelecektir. Ama daha önce ağlama davranışını öğrendiyse bu süre biraz uzayabilir, hatta ikna etmek için yukarıda anlattığım gibi başını yerlere vurma ihtimali de var tabii. Burada da aynı dirayeti göstermeye devam etmeniz çok önemli.

Peki böyle davrandığınızda çocuk ne düşündü? *"Demek ki ağladığım zaman isteklerim yapılmıyor. Farklı bir yol denemeliyim"* deyip farklı tuzaklar peşine düşebilir. Bu noktada çok dikkatli olmanız şart. Ama mesajı aldı artık çocuk, ağladığı zaman olmuyor.

Peki, siz ne yapmalısınız?

Ağlayarak bir şeyler yaptırmaya çalıştığı zaman, bundan duyduğunuz rahatsızlığı uygun dille ifade edin. Konuşmayı çok uzatmayın. Uzun konuşmalarla ikna etmeye çalışmayın. Net ve kısa konuşun. Çocuk sakinleşinceye kadar iletişime geçmeyin. Sakinleştiği zaman yanına gidin veya onun gelmesini bekleyin. Yapmış olduğu hareketin doğru olmayan yanlarını konuşun, nasıl davranması gerektiğini anlatın. Hemen olmasa da inanın zamanla sizi anlayacaktır.

Herhangi bir olumsuz davranış balon gibidir. Balon nasıl şişer, şişer, şişebileceği en üst noktaya gelir ve bir yerde patlarsa olumsuz bir davranış da aynı şekilde o an çoğalır, çoğalır ve sizden tepki gelmeyince patlar ve söner. İşte o üst noktada sabırlı olmak çok önemli.

Küçük oğlum Yiğit'e bir süre babaannesi baktı. Yiğitçiğimiz babaanneye bir tuzak hazırlamış ve babaanne bu tuzağa düşmüş.

Yiğit akşam eve geldi, bir baktım en ufak bir şeyde kafasını parkeye vuruyor, orda ikna olmadıysa duvara. Hemen babaanneyi aradım ve bugün Yiğit'in kafasını hangi olay sonucu yere vurduğunu sordum. Babaannesi şaşırdı tabii. *"Sen nerden biliyorsun?"* dedi. Çünkü dün vurmuyordu, bugün öğrenmiş. Bizim ufaklık gofret istemiş, babaanne de vermeyince kafayı vurmuş yere. O da hemen gofreti vermiş. Bizim oğlan da sandı ki bundan sonra ben koca kafamı yerlere vurdukça, istediklerim anında yerine gelir. Tabii bilmiyor ki cin olmadan şeytan çarpmaya çalıştığını. Yer miyim bu numaraları ben? Ben sana anne olmadan önce yüzlerce çocuğa eğitim vermişim, kaç tane çocukla olumsuz davranışları üzerinde çalışıp kaç aileye rehberlik yapmışım... Bizim masum köylü sert kayaya çarptı farkında değil.

Babaannesini uyardım, *"Sakın kafasını vurduğu zaman ilgilenme."* Babaanne biraz üzüldü. Ya kafasına bir şey olursa? Babaanneyi ikna etmek biraz zor oldu ama gerekçelerini anlatınca *"Tamam"* dedi. *"Merak etme acıdığı zaman zaten kendiliğinden bırakır, bizim oğlan koca kafalı bir şey olmaz"* dedim.

Nitekim bir hafta her gün dozunu artırarak kafayı vurmaya devam etti, baktı gelen giden yok, bize buradan ekmek çıkmaz dedi ve vazgeçti. İşte o balon şişer şişer en son noktaya gelir ve sonunda patlar, davranış da böylelikle sönmüş olur. Biz buna sönmenin patlaması deriz.

Şunu da belirtmek isterim, kafa vurma davranışı çocuğa zarar verecek kadar ileri düzeydeyse, kafayı vurması ile ilgili bir şey söylemeden dikkatini başka yöne çekerek bunu yapmasına engel olmaya çalışın.

Farkında mısınız çocuklar aslında ne kadar akıllı, istediklerinde sizi nasıl parmağında oynatıyor? Bu süreçte önemli olan problem davranışla değil, olumlu davranışla ilgilenmektir. Çocuk sizin dikkatinizi nerede çektiğini fark ederse ve hangi iletişim şekli ile isteklerini yerine getirtebilirse size karşı öyle davranmaya başlar.

Bir yere misafirliğe gidersiniz. Çocuklar içeride oynamaya başlar. Kimse de odadan ses gelmediği için gidip yanlarına bakmaz. Ama içeride bir kavga çıkıp bağrışma başlayınca bütün anneler kalkar, hepsi çıkan kavgadan dolayı çocukları ile ilgilenir ve çocuklar anlarlar ki kavga eşittir ilgi, tüm gün kavga etmeye devam ederler. Çünkü dikkatinizi bu yolla çekmeyi başarmışlardır. Ama o çocuklar sakin sakin oynarken yanlarına gitseydiniz, *"Aferin ne kadar güzel oynuyorsunuz, tebrik ediyorum her birinizi"* deyip bir de alkışlasaydınız, çocuklar bu gazla akşama kadar sakin sakin oynarlardı. Siz de rahatça çayınızı yudumlar, dedikodunuzu yapabilirdiniz.

Çocuklarınız ile iletişim hâlindeyken verdiğiniz tepkiler çok önemli. Birçok problem davranış, sizin bir olayla ilk karşılaştığınız an vermiş olduğunuz yanlış tepkilerden dolayı oluşur ve devam eder. Altını ıslatma, tırnak yeme, sümük yeme, vurma, kardeş kavgaları ve aklınıza gelen diğer bütün olumsuz davranışlar.

Altını ilk defa ıslatan bir çocuk, ailesi tarafından öfke ile karşılanırsa çocukta bu davranışa sebep olan kaygı artar ve çocuk daha fazla altını ıslatmaya başlar.

Tırnağını yemeye başlayan çocuk, ailesinden bu konuda sürekli ikaz alırsa daha fazla tırnak yemeye devam eder. Çünkü gösterdiğiniz ilgi hoşuna gider. Çocuğunuzu tırnağını yerken uyarmak yerine, tırnağını yemezken kutlamak daha çözüm odaklı bir hareket olacaktır.

Kardeşine vurarak sizin dikkatinizi çekmiş olan çocuk, kardeşine daha fazla vurmaya başlar.

Verdiğim örnekler çocuğunuzu ve problem davranışların nasıl meydana geldiğini anlamanıza yetmiştir diye düşünüyorum.

KURAL BELLİ.

- UYGUN ŞEKİLDE OLMAYAN DAVRANIŞLARLA YAPILAN İSTEKLER YERİNE GETİRİLMİYOR,

- UYGUNSUZ DAVRANIŞLAR GÖRMEZDEN GELİNİYOR,

- OLUMLU DAVRANIŞLAR ANINDA PEKİŞTİRİLİYOR

- OLUMSUZA DEĞİL, OLUMLUYA ODAKLANIYORUZ...

"Onun Çocuğu Var, Oyuncağı Yok: Benim Odalar Dolusu Oyuncağım Var Ama Çocuğum Yok"

Zuhal'im, güzel yüzlüm... Zuhal benim kuzenimin kızı, kısa bir süre önce kanser hastalığından dolayı kaybettik. 30 yaşında gencecik bir bahardı. Dünyada eşi benzeri nadir olan insanlardan biriydi. Hastalığındaki mücadelesi ile birçok insana umut oldu, mutluluk oldu, tebessüm oldu. Kedileri bana sevdiren ve bir kedi sahibi olmama karar verdiren kadındı o. Kedi almaya karar verdiğimizi duyunca bize hemen bir kedi bulmuştu. Ankara'ya onun yanına kedimiz Cesur'u almaya gittiğimizde artık hastalığının ağır evreleriydi. Kanser beynine sıçramış kullandığı ilaçlardan dolayı tek gözünde görme, kol ve bacaklarında da güç kaybı oluşmaya başlamıştı. Kediyi almak için arabaya binip yola koyulduğumuzda bana,

– Abla, biliyor musun, tek gözüm görmüyor ve kollarımı kullanamıyorum artık. Ama olsun, tek gözüm görüyor ya o bana yeter. Bulaşıkları ve çamaşırları da makine yıkıyor, varsın elim kolum tutmasın, tek gözüm de görmesin, benim tek istediğim sabah kalktığımda sevdiklerimin yanımda olması. Onların varlığını hissedecek kadar kalbim atsın, beynim de anlasın bana yeter, dedi.

İlk defa bir durum karşısında söyleyecek söz bulamadım. Ne diyebilirdim ki bu kadar yüce bir düşünce karşısında? Sözler boğazıma düğümlendi. Ağlamak istemiyorum, güçlü kalabilmek için dişlerimi sıkıyordum. Allah'ım bu nasıl bir metanet, nasıl bir kabullenmişlikti? Tam o sırada bir alışveriş merkezinin önünden geçtiğimizi fark ettim, ya konuyu değiştirmeliydim ya da hıçkırıklara boğulacaktım.

– Bak evinize yakın bir alışveriş merkezi varmış, dedim. Sırf konu değişsin bu yüce insan karşısında dik durabileyim diye.

– Evet, abla, dedi.

Bir müddet sessizlik oldu arabada.

– Abla, geçen gün annemle bu alışveriş merkezine gelirken bir dilenci gördüm, yanında da küçük bir kız çocuğu vardı. Allah'ım nasıl tatlı bir çocuk bir görsen bayılırsın. Annemle alışveriş merkezine girdik ve o kadının çocuğuna bebek aldım. Annem de *"İnsanların paraya ihtiyacı var parasını verseydik"* dedi. Abla, para vermek istemedim. Ben parayı verirsem onu niçin kullanır annesi bilemem ama bebeği çocuğa verirsem çocuk bunu oyunları, hayalleri, mutluluğu için kullanır biliyorum, dedi.

Aslında ben konuyu değiştirmeye çalışırken yüreğime oturan ve hayatım boyunca asla unutamayacağım sözleri söylemeye başladı Zuhal'im.

– Bebeği çocuğa verdim ve ilaçlarımı almak için eczaneye gittim. Eczaneden dönerken çocuğu görmeliydin abla gözlerinin içi gülüyordu. Eline bir de taş almış, taşla çocuğu konuşturuyor. Ben çocuktaki o mutluluğu para vererek sağlayabilir miydim? Sonra ne düşündüm biliyor musun? (İşte bu sözler yüreğime, beynime kazınmış sözler oldu) *BENİM EVDE DÜNYA KADAR OYUNCAĞIM VAR AMA OYNAYACAK ÇOCUĞUM YOK, ONUN ÇOCUĞU VAR AMA OYNAYACAK OYUNCAĞI YOK. DÜNYA NEDEN BÖYLE ABLA?*

Artık tutamıyordum kendimi gözyaşlarım istemsiz dökülmeye başladı. Nereye bakacağımı, ne söyleyeceğimi, nasıl davranacağımı bilemedim. İmtihanı çok büyüktü meleğimin ve çok sabırlıydı. İnsanüstü bir sabır hem de. Bütün yol boyunca çok düşündüm. Yarın ne olur bilinmez ama ben bugün sağlıklıydım, çocuğum da vardı ve evde oynayacakları oyuncakları da. Ben böyle bir nimetin ne kadar farkındaydım? Allah'ın bana verdiği bu nimetin ne kadar şükrünü biliyordum? Evlatlarıma ne kadar iyi bir anne olabiliyordum? Orada başka bir anne masum yavrusu ile insanların yardımlarına muhtaç bekliyor, biz ise her istediğimize istediğimiz an ulaşabiliyorduk. Annesi dilenen o yavrunun, benim çocuğumdan ne farkı vardı? Neden bütün çocuklar aynı haklara sahip değildi? Büyük oğlum o an yanımdaydı ona sarılıp saatlerce ağlamak istedim. Şükretmek istedim.

Bazen dünyanın telaşı ve stresine aldanıp ne kadar mutlu edebiliyoruz evlatlarımızı? Bazen bir hareketine, çıkardığı bir sese ya da kırdığı bir bardağa ne kadar tahammül edebiliyoruz? Öfkemizi, hırsımızı, kendi sabırsızlığımızı, onların korumasız bedenlerine ya bir tokat veya masum ruhlarına bir hakaret olarak kusmuyor muyuz? Ya evladını kaybetmiş ana ve babalar... Hepsini düşününce yüreğime ağır geliyor bunlar. Abimin oğlu 2 yaşında lösemi tanısı ile kemoterapilerle tanıştı. Ölümle hayat arasında kaç kere gitti geldi. O anne ve babanın yüreği kaç kere çocuklarını kaybetme korkusu ile yandı. En ağır dönemlerinde abim hep *"Evlatlarınıza bağırmayın ve asla dövmeyin. Bir gün onu kaybetme düşüncesi ile karşı karşıya kaldığınızda yüreğinizi en çok onu incittiğiniz anlar yakıyor"* dedi ki abim ve yengem bir tokat bile atmamışken evlatlarına... Ona haksızlık yaptıklarını düşündükleri her an için kahroldular.

Hangisinin imtihanı daha ağır desem seçim bile yapamıyorum. Biri çocuk özlemi yaşamış, hastalığı dolayısı ile evlat sahibi olamamış gencecik bir bahar; diğeri yavrusunu kucağını almış, daha doyamadan kaybetme olasılığı ile karşı karşıya kalmış bir anne; öteki de yavrusu ile sokaklarda yardıma muhtaç bir kadın.

Elbette bu insanların acısı ile ruhumuzu tatmin etmiyoruz. Ama en şükürsüz, en sabırsız olduğumuz anlarda sahip olduklarınızın farkına varmanızı istiyorum. Sizin hoyratça kullandığınız malınız, sağlığınız, çocuğunuz, başkaları için kocaman bir nimet ve onlar bu nimete ulaşmak için nelerini verir biliyor musunuz?

Yukarıda bahsettiğim olayların hangisinin kahramanı olmak isterdiniz peki? Tabii ki hiç birinin ama bir gün aynılarını yaşamayacağımızı nereden biliyoruz? Ya da çevremizde bulunan böyle insanları ne kadar anladık, ne kadar dertlerine derman olmaya çalıştık? Ama hayat bu işte, ne zaman, nerede, ne olacak bilemiyoruz.

Şu an sağlıklıysan ve sağlıklı bir evlada da sahipsen bundan daha büyük bir hazine var mıdır? Elbette yok bence. Şimdi çocuğun gözlerinin önündeyse, sana sağlıkla gülücükler atıyorsa, gözleri sana aşkla bakıyorsa, minik elleri evini kirletiyorsa, çığlıkları başını ağrıtıyorsa, yıkamaktan usandığın çamaşırlar varsa, aynaların hep parmak izi ile kirleniyorsa, dört duvar arasında kimseye muhtaç kalmıyorsan, çocuğunun ölümle yaşam arasındaki savaşını izlemiyorsan, işte o zaman sen çok şanslısın. Bu şansa sahip olduğun için her gün şükretmelisin ve çevrende böyle insanlar varsa bu insanlara karşı artık daha hassas ve duyarlı davranmalısın. Öfkene yenik düştüğün ve basit meselelerden dolayı yıldığın her an bu hayatları hatırla. Evladına sarıl ve onu ne kadar çok sevdiğini mutlaka her gün söyle. Hem de defalarca... Onların masum bedenlerinin ve ruhlarının senin sevgine ihtiyacı var.

HAYATTA YÜREĞİMİ ÇOK DERİNDEN ACITAN TEK BİR SAHNE VAR: KORUMASIZ BİR BEDENE KALKAN ELİN KARŞISINDA, O YAVRUNUN İKİ ELİNİ KAFASININ ÜZERİNE KALDIRIP KENDİNİ KORUMA ÇABASIDIR.

Lütfen evlatlarımızı çok sevelim, öpelim, koklayalım. Asla sevgiye aç bırakmayalım. Bırakın döksünler, kırsınlar, kirletsinler. Her şey telafi edilir, ruhta açılan derin yaraların dışında.

"Artık Senin
Annen Olmayacağım"

Olmazsan olma! Beni sürekli annem olmamakla tehdit edeceksen olmaman daha hayırlıdır.

Eğer benim annem olmayacaksan beni neden doğurdun?

Senin bana karşı en büyük kozun anneliğin mi? Yüreğine sor bakalım, bana bunları söylerken hiç sızlamıyor mu?

Annem olmamakla tehdit ediyorsun ya sen beni, benim beynim bunun bir gerçek olmadığını algılayamıyor, biliyor musun?

Sen bunu her söylediğinde ben bunun gerçek olduğunu sanıp inanılmaz bir korkuya kapılıyorum.

Beni gerçekten bırakıp gideceğine inanıyorum.

Sen beni işin olduğunda bir yere bırakıp gidiyorsun ya, işte ben öyle anlarda senin beni terk ettiğini düşünüyorum ve sen gelinceye kadar bu kaygıyla boğuşup kalıyorum.

Beni bir yere bırakmak istediğinde bu yüzden sebepsiz yere dakikalarca ağlayıp seninle gelmek istiyorum. Ben anlayamam bunu bana kızgınlıkla ya da beni kızdırmak için söylediğini. Yüreğimde kocaman bir yara olur bu söylediklerin.

Sana inancım kaybolur, güvenim kaybolur. Yıllarca üstesinden gelmek zorunda kalacağım bir bunalıma itersin beni.

Benim dışımda diğer insanları böyle tehdit etmiyorsun ama.

Babama, artık eşin olmayacağım ya da anneanneme artık kızın olmayacağım demiyorsun.

Benim bir baş belası olduğumu mu düşünüyorsun?

Neden benden bu kadar çabuk vazgeçiyorsun? Benden bu kadar çabuk vazgeçme anne.

Sen benden bu kadar çabuk vazgeçersen eğer, en güvendiğim dal bile kırılıyor deyip neye tutunacağımı bilemem anne.

Ben seni çok seviyorum anne.

Sen bana kızsan da bağırsan da hatta beni dövsen bile.

Asla çocuğun olmamayı düşünmüyorum anne. Lütfen beni annem olmamakla tehdit etme.

Beni koşulsuz sev, şartlara bağlı bir sevgi olmasın aramızda.

Ben her ne olursa olsun benim yanımda olduğunu, benim annem olduğunu ve asla benden vazgeçmeyeceğini bilmek isterim anne.

Ufak yaramazlıklarımda hemen benden vazgeçme.

VE BANA LÜTFEN "ARTIK SENİN ANNEN OLMAYACAĞIM" DEME...

Kötü İnsan Yoktur,
Kötü Çocukluk Vardır

Ayşe lise 2'nci sınıftayken okuldan ayrıldı. Birkaç ay sonra duyduk ki evlenmiş. Ayşe ile yıllar sonra yolda karşılaştım. Beni görünce hem şaşırdı, hem mutlu oldu. Sarıldı bana, yıllardır özlemini çektiği birine sarılır gibi. Gözlerinin içi parlıyordu.

- Oturalım, çay içelim, geçmişten birini görmek çok güzel. Vaktin var mı, diye sordu.

- Var, tabii ki olur, dedim.

En yakın kafeye gittik, oturduk. Ben Ayşe'yi lise yıllarımızda da severdim. Aramızda farklı bir bağ vardı. Ayşe'nin hayata öfkesi çok büyüktü. Hocalara hep kafa tutar, arkadaşlarımızı hep korkuturdu. Herkes çekinirdi Ayşe'den. Kimse ona bulaşmak istemezdi. Aslında onun o kavgacı, hırslı, inatçı tarafının arkasında, hep merhametli bir insan vardı. Ben de arada uyardım ona. Hatta hayatımın ilk kavgasına onunla birlikte karışmıştım. İlk ve son oldu tabii. Aslında onu ayırmaya çalışırken bir anda kavganın içinde buldum kendimi. Şimdi oturduğumuzda kahkahalarla güldüğümüz bir anı olarak mazide kaldı. Her şey gibi...

Birer kahve söyledik. Eskilerden konuştuk. Sonra bir an sessizlik oldu. Ardından Ayşe konuşmaya başladı.

- Aslında hedefim senin gibi öğretmen olmaktı.

- Yine olabilirsin hiçbir şey için geç değil.

- Hayat hep bana geç kaldı ya da ben ona. Hiç sormadın, neden okuldan ayrıldın, neden evlendin diye.

- Bilmem. Sen anlatmak istersen zaten anlatırsın diye düşündüm. Konuşmak istemezsin belki diye sormadım. Bazen insan geçmişi anmak istemeyebilir.

Ayşe anlatmaya başladı.

- Çok zor zamanlar geçirdim. Hiçbir şey düşündüğünüz gibi değil aslında. Babamdan ve annemden yıllarca şiddet gördüm. Asla sevilmedim. Hep kendi kendime bu insanlar benim anam babam olamaz diye düşünürdüm. Nitekim de değillermiş.

- Nasıl değillermiş?

- Değillermiş işte.

Çok şaşırdım. Duyduklarım şaka gibi geldi. Çünkü Ayşe'nin evine lisedeyken birkaç kere gitmiştim. Anne ve babası aslında çok ilgili duruyordu. Bir an Ayşe'nin psikolojisinin bozuk olduğunu ve bunları uydurduğunu düşündüm. Hiç şiddet gösterebilecek bir aile gibi gözükmüyorlardı. Anne ve babasının, onlar olmaması da çok ilginç geldi. Çünkü Ayşe tıpkı babasına benziyordu. Yüzümdeki ifadeden anlamış olacak ki:

- Şaşırdın, değil mi?
- Aslında çok şaşırdım Ayşe. Anneni babanı çok tanımam ama hatırladığım kadarı ile iyi insanlardı.

Acı acı gülerek,

- Keşke her şey bu kadarla kalsa...

Sessizlik oldu aramızda. Ayşe'nin gözleri dolmuştu. Ağlamamak için yutkundu. Biraz etrafına bakındı.

- Üstelik babam kimmiş biliyor musun? En büyük abim Tarık.

Şok üstüne şok yaşadım.

- Nasıl yani, abin baban mıymış?

Ayşe özetle anlattı:

- Abimi yani babamı çok küçük yaşta evlendirmişler. Babam 15, annem 16 yaşındaymış. Babam aradan birkaç yıl geçince annemi aldatıp dövmeye başlamış. Annem de dayanamayıp beni 6 aylıkken bırakıp kaçmış. Babam başkası ile evlenirse benden dolayı sorun olmasın diye de dedem beni kendi nüfusuna yazdırmış. Okuldan ayrıldığım gün aslında evden de kaçtım. Yani evden kaçtığım için okuldan ayrıldım. Ayrılmak zorunda kaldım. O zaman bir sevgilim vardı Hakan. Onunla kaçtım. Hatırlıyor musun, okula son geldiğim gün başım çok ağrımıştı. İzin alıp okuldan eve erken döndüm. Dedemle babamın sesi dışarı kadar geliyordu. Kapıyı açtım merdivenlerden yukarı çıkarken şu konuşmaları duydum. *"Bıktım senin p..ine bakmaktan. Sen hayatını yaşa, biz senin p..inle uğraşalım. O da anası gibi o..."* Kapıyı açtım. Duyduklarımı anlamaya çalışıyordum. Beni görünce şok oldular. Dedemle göz göze geldik. Sonra babama dönüp:

"*Bak geldi işte senin p..in. Al git artık kendin uğraş.*" Babamla göz göze geldik bu sefer. Şok oldum. Abim, babamdı. Babam bildiğim insan da dedem. Ne yapacağımı bilemedim. Ne söylemeliydim? Yüreğim kor gibi yandı. Ölmek istedim. Bu kadar değersiz hissetmemiştim kendimi. Dönüp arkamı kaçtım. Hakan'ın yanına gittim. Başımdan geçenleri anlattım. O an aklımda olan tek şey onları cezalandırmaktı. Hakan'la birlikte Antalya' ya kaçtık. Hakan'ın babası hapiste idi. Annesi de yoktu. O da benim gibi aile mahkûmuydu. Hakan'la Antalya'ya kaçtığımızda bir otelde iş bulduk.

Bir hafta Antalya'da kaldık. Sonra ailem buldu beni. Birlikte Eskişehir'e döndük. Olay namus meselesine döndü ve Hakan'la evlendirildim. İlk günler her şey yolundaydı. Birlikte bir iş bulduk, çalışmaya başladık. Birkaç ay sonra Hakan'ın madde bağımlısı olduğunu anladım. Hakan bazı akşamlar eve çok kötü geliyordu. Şiddet gördüğüm zamanlar da oldu. Sonra hamile kaldım ve kızım oldu. Kızım bir yaşındayken Hakan'ı trafik kazasında kaybettim. Aşırı dozda uyuşturucu almış. Karşıdan karşıya geçerken yolun ortasına düşmüş. Arabalar da gece karanlığında fark etmeyip üzerinden geçmiş. Hakan ile çok anlaşamıyorduk ama yine de bana sahip çıkmıştı. Hakan'ın ölümünden sonra çok zor günler geçirdim. Kimse bana sahip çıkmadı. Kızımla ortada kaldık. Hiç istemediğim şeyler yapmak zorunda kaldım. İnsanın kaderi önce ailesinde gülecek, orada gülmedi mi bir daha gülmüyor...

Ayşe başını önüne eğdi. Utanmıştı. Ama anlatmak, rahatlamak istiyordu. Derin bir nefes aldı. Çayından yudumladı. Etrafına bakındı. Ağlamak istemiyordu. Sonra anlatmaya devam etti:

- Babam da yıllarca babalık yapan dedem de bana sahip çıkmadılar. Kaç kere kapılarına gittim. Çok ağır hakaretlerle kovdular beni. Kucağımda bir yaşındaki çocukla ortada kaldım. Kayınpederimin eski bir evi vardı. Bir süre orada yaşadım. Sonra annemi aramaya karar verdim ve buldum. Yalova'da yaşıyordu. Başka biri ile evlenmiş. 3 kızı olmuş. O da çok zor zamanlar geçirmiş. Babam ve dedemden hep işkence görmüş. Beni kendiyle götürmek istemiş ama izin vermemişler. Sonra da yıllarca göstermemişler. Annem de o ara başka biri ile evlenip kendi çocuklarını doğurmuş. Sonra da beni unutmuş aslında. Birkaç gün yanında kalıp Eskişehir'e geri döndüm. Yeniden başlamalıydım. Ama hayat tek başına ayakta kalmak isteyen bir kadın için çok zor. O zor günler içerisinde 2 sene önce Metin'le tanıştık. Beni olduğum gibi kabul etti. Evlendik. Kızıma babalık yaptı. Şimdi çok mutluyum. Bana bir aile oldu. Söz verdim ona. Artık ağlamak yok.

Ayşe konuşurken büyük bir üzüntüyle dinledim onu. Yüreğim yandı. Gözyaşlarıma hâkim olamadım onu dinlerken. Ayşe yüreğine akıtıyordu gözyaşlarını.

- Ağlama. Artık ben ağlamıyorum, mutluyum, dedi.

Ne diyeceğimi bilemedim. Nasıl teselli edeceğimi de. Ayşe bu aile dramında çok derin yaralar almıştı ama şimdi sarmaya çalışıyordu. Bir insanın başına gelebilecek ne kadar olumsuz şey varsa hepsini Ayşe yaşamıştı. Hem de ailesi yüzünden. Babası arkasını dönmüş, dedesi yıllarca psikolojik ve fiziksel şiddet uygulamış körpecik bir çocuk, ne genç kızlığını yaşayabilir, ne de kadınlığını.

Bir zamanlar küçük bir kız çocuğuydu. Babası ve annesi sağlıklı birer evlilik yapıp Ayşe o evde büyümüş olsaydı bunlar başına gelir miydi?

Dünyaya bir çocuk gelince herkes *"Allah hayırlı evlat etsin"* der. Ama ben her seferinde: *"Allah sizi evladınıza hayırlı ana, baba etsin"* derim. Bir gün bir arkadaşım,

- Allah bizi ona hayırlı etsin de, onu bize etmesin mi? dedi.
- Sen çocuğuna hayırlı ana baba ol. Allah inşallah onu sana hayırlı kılacaktır zaten.
- Doğru söylüyorsun. Hiç böyle düşünmemiştim. Hayırlı ana baba olabilmek...

Hayırsız diye adlandırılan evlatlara bakın bakalım. Çok büyük olasılıkla geçmişlerinde kötü bir çocukluk vardır. Belki Ayşe'nin dramı kadar ağır değildir ama mutlaka aile içinde ciddi iletişim sorunları vardır.

Ayşe'yi size özellikle anlatmak istedim. Çünkü Ayşe bir aile mağduru idi. Sizin de belki çevrenizde Ayşe gibi aile mağdurları vardır. Sevgili okurum, belki sen de bir aile mağdurusundur.

Hep aileler şunu söyler: *"Ben çocuğum için çok emek verdim ama o hayırsız çıktı."* Belki büyütürken Ayşe için de ona bakanlar büyük emek verdi ama bu emeğin yanında en önemli şeyi eksik bıraktı:

"SEVGİ"

Sevgi mağduru çocuklar maalesef hayata hep yenik başlıyor. Belki birçok şeyi kabul edip hayatımıza yön verebiliyoruz. Ama ailemiz tarafından sevilmiyorsak o noktada tıkanıyoruz. Ne geleceğimiz oluyor ne de geçmişimiz. O boşluğu hiçbir şekilde doldurамıyoruz. Anamız babamız dışında bizi dünyadaki bütün insanlar sevse yine de o boşluk dolmuyor.

Televizyonlarda duyuyoruz uyuşturucu bağımlısı gençler, hırsızlık yapanlar, taciz edenler... Hepsine tiksinti ile bakıyoruz. Ben ise hepsinin çocukluğunu merak ediyorum. Acaba nasıl bir çocukluk yaşadılar da bu duruma geldiler?

Mahallemizde bir çocuk sürekli hırsızlık yapıyordu. Hapse girip çıkıyordu. Dışarıdan bakılınca aile gariban, sadece çocukları yüzünden mağdur olmuş bir aileye benziyordu. Ama bir gün benim o çocukla konuşma fırsatım oldu. Babası hep falakaya yatırarak dövermiş. Annesi ellerine kızgın maşayla vururmuş. İlk hırsızlığı kuzeniyle yapmışlar. Babası odaya kilitleyip üç gün aç susuz bırakmış. Tabii bu yaptığı işi masumlaştırmaz. Ama ben insanlar bu noktaya geliyorsa aile faktörünün ne kadar önemli olduğunu anlatmaya çalışıyorum. Aile içerisinde birçok sorun yaşanabilir. Hayat sizler için çok zor olabilir. Ama siz bu sorunlarla uğraşırken çocuğunuza gerekli olan sevgiyi veremezseniz, onları hep yarım bırakırsınız. Yarım bırakılan çocuk bu boşluğu asla dolduramaz. Hayata ve insanlara bakış açısı hep yarım kalır. Size boşaltamadığı öfkeyi, yanlışların içerisinde kalarak boşaltmaya çalışır. Ayşe'de olduğu gibi...

Ayşe'nin lise yıllarındaki öfkesi aslında öğretmenlerine, arkadaşlarına değildi. Ailesineydi. Ama onlara gücü yetemediği için hep dışarıda uyumsuz çocuğu oynadı. Sonra yaşadıkları onu istemediği bir yolculuğa çıkardı. Ayşe yine de şanslı olanlardandı. Karşısına ona sahip çıkan biri çıkmıştı ve hayatını yeniden kurmaya çalışıyordu. Ama herkes onun kadar şanslı olamayabilir. Ömrü acılar içinde geçen birçok insan gördüm. Sırf sahipsizlikten ve sevgisizlikten bu acıları yaşayan insanlar.

Çocukluğumuz bizim geleceğimizdir. Nasıl bir çocukluk geçirdiysek, öyle bir hayat yaşıyoruz. Çocukluğumuz bir inşaatın temeli gibidir. Temel sağlam değilse bina elbet ufak sarsıntılarda çökecektir.

Şimdi bütün sorunları kaldıralım bir tarafa, çocuklarımıza bütün sevgimizle sarılalım. Sonsuz sevgimizle onların geleceğini sağlam temeller üzerine atalım.

Çocuklarınızdan asla sevginizi, ilginizi, şefkatinizi mahrum etmeyin.

Kendisi Küçük, Etkisi Büyük
Birkaç Öneri

Çocuklarımızla sağlıklı iletişim kurmak çok mu zor? Tabii ki değil. Çocuklar konusunda yaptığımız en büyük hata, onların da bir birey olduğunu unutmak oluyor. Onlar da biz gibi etten, kemikten, duyguları olan bir canlı değil mi? Onlar da kırılıyor, üzülüyor, öfkeleniyor. Çocuklarınızla kurduğunuz yanlış iletişim dilini, eşinizle, arkadaşlarınızla, akrabalarınızla kursanız inanın yanınızda kimse kalmaz.

"Çocuk o, bir tokat attım ne var yani, unutur gider" demek ya da böyle düşünmek ne kadar sağlıklı sizce? Arkadaşınıza, eşinize rahatlıkla bir tokat atabiliyor musunuz? Ya da olayı masumlaştırmak için bir tane poposuna vurdum, bir şey yapmadım demek olayı hafifletiyor mu? Çocuğunuzun size karşı öfke ve kırgınlık duymasına engel mi bu düşünceniz? Bir yavruyu ne kadar hırpalarsanız hırpalayın, ya anne diye ağlıyor ya da on dakika sonra

hiçbir şey yokmuş gibi gelip boynunuza sarılıyor. Siz insanları bu kadar kolay affedebiliyor musunuz?

Onlar savunmasız, masum bir yavru. Sizler onların hayattaki tek dayanaklarısınız. Şimdiki karakterimiz, kişiliğimiz, hayatımız çocukluğumuzdan bize kalan bir miras değil mi? Mutlu bir çocukluk geçirmiş insanlar, hayatının her döneminde sevgi dolu, çevresine ışık saçan, saygıyı asla yitirmeyen, başarılı bireyler oluyorlar. Geleceğini inşa ettiğimiz çocuklarımıza karşı en büyük görevimiz onları sevmek, saygı göstermek onların da bir birey olduğunu asla unutmamaktır.

Kendinize bir ev yaparken kırık tuğlalar kullanır mısınız? Peki, neden çocuğunuzun geleceğini inşa ederken kırılmış duygular kullanıyorsunuz? Kullandığımız bu kırık duygularla, çocuğumuzun geleceğini ne kadar sağlam yapılar üzerine kurabiliriz ki? Çocuğunuza karşı duyduğunuz öfkeyi göstermenin şekli psikolojik ve fiziksel şiddet asla olmamalıdır. *"Çocuk o anlamaz, unutur"* deyip geçmeyin, unutmuyor. İçselleştiriyor sadece.

Çocuklara bir konu hakkında tepki vermeden önce kendinizi onun yerine koyun veya olayın içinden çıkın. Üçüncü bir kişi gibi olayı değerlendirin ve vereceğiniz tepkiyi bu doğrultuda belirleyin. O bir birey, asla unutmayın. Her defasında sorunlarınızı konuşarak halletmeye çalışın. Konuşun, neden, niçin yaptığını sorun. Yapmış olduğu hatayı kendisinin de değerlendirmesine imkân verin. Çözüm yollarını birlikte bulun.

Kurallar belirleyin birlikte ve bu kurallara karşılıklı uyun. Bugün ak dediğinize yarın kara demeyin. Koyduğunuz kuralları duruma göre değişikliğe uğratmayın. Örneğin günde bir saat televizyon izleme hakkı varsa, bir misafir geldi diye bunu beş saate çıkarmayın. Bir gün yasak dediğinize yarın serbest demeyin. Üzülmesin, ağlamasın diye her isteğini kabul etmeyin. Tabii sıkıyönetim de uygulayın demiyorum. Kurallara uyacağız derken askeri sistem de kurmayın.

Her gün mutlaka onu çok sevdiğinizi söyleyin. İyi ki onun gibi bir evlada sahip olduğunuzu, bundan dolayı büyük gurur duyduğunuzu, onunla birlikte geçen her vaktin çok kıymetli ve değerli olduğundan bahsedin. Emin olun, biri size sürekli böyle sözler söylese, dünyanın en mesut, en başarılı insanı siz olursunuz.

En ufak başarılarını bile övün. *"Bunu sen mi yaptın? Ne kadar başarılısın. Senin bu işi yapabileceğine çok inanıyordum. Sen ne kadar tatlı bir çocuksun. Üzerindeki kıyafet sana çok yakışmış"* gibi cümlelerle ruhunu okşayın. Daha önce de söylediğim gibi onlar da bir birey ve her birey takdir görmek ister.

Başaramadığı durumlarda onu yüreklendirin. *"Gel birlikte deneyelim. Belki bu şekilde denersen başarabilirsin"* deyin mesela. Hiç yapamadığı bir şey olursa, *"Her şeyi başarmak zorunda değilsin, hayatta başaramayacağımız şeyler de olabilir. Bak ben de her şeyi yapamıyorum, benim de yapamadığım şeyler var"* gibi konuşmalarla onları daha öz güvenli kılabilirsiniz. Hem de yenilgiyi yaşadıkları zaman, gereksiz hırslar yapmadan kabullenmeyi de öğrenmiş olurlar.

Özellikle çocuklar oyun oynarken aşırı derecede hırslı davrandıklarını gözlemliyorum. Oyunu kaybeden çocuk büyük bir hırsla kendine veya etrafına zarar vermeye başlıyor veya oyunu terk edip gidiyor. Yenilgiyi kabullenemeyen çocukların bu duruma gereğinden fazla tepki vermesinin birçok sebebi olabilir.

Ailenin çocuktan beklentisi fazla ise veya çocuk karakter olarak hırslı bir çocuksa genellikle tepkileri bu şekilde olur. Başarısızlıklarında kabullenmeyi çok küçük yaşlarda öğrenmiş olan çocuklar, sürekli takdir ve başarı görme arzusunun yanında yenilginin de olabileceğini bilirler ve bu süreci hırsla değil de olgunlukla karşılarlar.

Sen dili ile değil, ben dili ile konuşun. *"Sen çok yaramazsın, sen çok şımarıksın, sen çok tembelsin, sen çok gevezesin"* gibi cümleler çocuklarınızda suçluluk duygusu uyandıracağından daha fazla olumsuz tepki oluşturmasına sebep olacaktır. *"Beni dinlemediğin zamanlar ben çok üzülüyorum. Bu şekilde arkadaşlarına vurunca ben kendimi çok mutsuz hissediyorum. Benimle böyle konuşunca ben çok kırılıyorum"* gibi konuşmalar ben dilidir. Çocuğunuzun kabahati üzerinden değil de bu şekilde kendi duygularınız üzerinden konuşursanız çocuk size tepki geliştirmek yerine sizin duygularınızı anlamaya çalışır.

Kimseyi suçlayarak yaptığı hatadan geri çeviremezsiniz. Arkadaşı ile oyuncağını paylaşmak istemeyen bir çocuğa, *"Sen ne kadar şımarık ve bencil bir çocuksun"* derseniz, çocuk size ve arkadaşına öfke duyar. *"Oyuncağını paylaşmadığın için eminim arkadaşın çok üzülecek, aynı şekilde biri seninle oyuncağını paylaşmasaydı sen üzülmez miydin?"* derseniz çocuk arkadaşının ne hissettiğini anlamaya çalışır ve empati kurarak bu davranışın yanlış olduğunu fark edebilir.

Okuldan veya dışarıdan geldiği zaman mutlaka kapıda karşılayın. Eve girdiğinde mutlaka sarılın ve öpün. Kapıda onu bekleyen sevgi dolu bir anne ve baba, çocuk için bulunmaz bir ebeveyndir. Kendisini eminim çok değerli hissedecektir. Misafirlerimizi neden kapıda karşılıyoruz, kendilerini karşılanmaya değer görsünler diye. İçeride oturarak beklediğiniz bir misafir kendini ne kadar değersiz hissederse, kapıda karşılanmayan çocuk da kendini o kadar değersiz hisseder.

Onlara bir şey yaptırmak isterken baskı ve zorlamalardan kesinlikle kaçının. Bunu neden yapması gerektiğini, yapmazsa sonuçlarının ona neler getireceğini anlatın. Hâlâ yapmaktan kaçınıyorsa bırakın kendi hâline, olayın olumsuz sonuçlarını kendi yaşayarak öğrensin. Ödevini yapmak istemeyen çocuğun, ertesi gün öğretmeninden tepki alması gibi örneğin...

Konuşurken ses tonunuzu ayarlayın. Sürekli bağırarak kurduğunuz iletişim şekli, zamanla çocuğunuzun kavgacı bir hâl almasına sebep olabilir. En çok kızdığınız anlarda içinizden altmışa kadar sayın öyle konuşmaya başlayın. *"Öfke ile kalkan zararla oturur."* Çocuklar başka biri ile iletişim kurarken sizi taklit ediyor, bunu asla unutmayın. O yüzden ev halkının birbiri ile kurmuş olduğu iletişim çok önemli. Sürekli kavga ederek sorunlarını çözen bir ailenin çocuğu da elbet çevresi ile etkileşim içerisinde olduğu zamanlar böyle bir dil kullanacaktır.

Kavgalarınızı ASLAAAA onların yanında yapmayın. Önünde sürekli kavga eden bir ailenin bireyi olmak gerçekten çok zor. Böyle bir aileye sahip olan biri olarak söylüyorum. İnanın mutsuz bir ailenin ferdi olmak, insana bir ömür duygusal bir bedel ödetiyor. Bir çocuğun dünya hayatındaki en büyük hakkı mutlu bir ailedir.

Ben size burada aranızdaki iletişimi kuvvetlendirmenizi sağlayacak sadece birkaç öneride bulundum. Etkili iletişim yöntemlerini tam anlamı ile anlatmam için başka bir kitap yazmam gerekir. Sadece bu yazdıklarımı bile uygularsanız ben çok eminim aranızdaki birçok problem çözülmüş olacaktır. Ben size imkânsızı başarın demiyorum, yazdıklarımın hiçbiri imkânsız da değil. Yukarıda yazılanların hepsini rahatlıkla uygulayabilirsiniz.

Mesele dünyaya çocuk getirmek değildir, mesele dünyaya gelen çocuğa doğru şekilde annelik ve babalık yapmaktır. Doğru şekilde analık babalık yapmak, onun her isteğini yerine getirmek de değildir, karın doyurmak da... Midedeki açlık bir çorba ile geçer, barınmak için dört duvar lazım, giyinmek için de bir metre kumaş... Doğru şekilde annelik ve babalık yapmak hayatları boyunca onlara iyi bir rehber olup onları sonsuz sevmek ve her koşulda saygı duymaktan geçer...

Şunları dediğinizi duyar gibiyim: *"Benim birçok sorunum var, bu kadar sorun içinde ben mutlu değilim ki onu nasıl mutlu edeyim, hocam?"* Sorunlarınızın bedelini çocuklara fatura etmek doğru değil, üstelik hayat ile vermiş olduğunuz zorlu mücadelenin sebebi çocuklarınız değildir. Sorun yaşamak ve bunu çözerken zorlanmak, hayatla mücadele etmek farklı şey, çocuk yetiştirmek farklı şey... Eğer ailelerini seçme imkânları olsaydı, eminim sorunları ile baş edebilen ve bunun faturasını kendilerine kesmeyen birilerini seçerlerdi. Eşine kızıp öfkeyi çocuğuna kusan çok anne ve baba gördük.

ÇOCUKLAR SİZİN KUM TORBANIZ DEĞİL.

Ben size sadece çocuklarınızı *SEVİN* ve *ÇOCUKLARINIZA SAYGI GÖSTERİN* diyorum.

Çok mu zor?

Çocuklarınız sevilmeye ve saygı görmeye layık değil mi?

İnanıyorum, hepiniz başarabilirsiniz.

ÇÜNKÜ HER ÇOCUK SAHİBİ OLAN BİREY MÜKEMMEL BİR ANNE VE BABADIR. SADECE BAZEN, NE YAPACAĞINIZ KONUSUNDA CEVAPSIZ VE ÇARESİZ KALIYORSUNUZ.

CEVAP İÇİNİZDE, YÜREĞİNİZDE VİCDANINIZDA...

Hatasız Ebeveyn Olmaz

Meslek hayatım boyunca birçok anne ve baba ile çocuklarının sorunları hakkında konuştum. Hepsi mükemmel insanlardı. Ama hayatın zor yükü karşısında bazen çocuklarına yanlış tavırlar sergilediklerini ve bu tavırlarından dolayı çocuklarının ciddi anlamda olumsuz etkilendiklerine şahit oldum. O ailelerle günlerce bazen aylarca konuşarak onların sorunlarını çözmeye çalıştım. Çocuklarını anlamaları için elimden gelcni yaptım. Çünkü çocuk benim en hassas noktamdı.

Ben bir eğitimciydim, en önemlisi ise anneydim. Ben öğretmen olmayı da anne olmayı da çocuklarımdan öğrendim. Mükemmel annelik ve babalık diye bir şey yok. Böyle bir şey var diyen yalan söyler bence. Sen ne kadar iyi olursan ol neticede bir insansın. Elbet hataya düşeceksin. Önemli olan bu hatanın içinde kalmamak ve bu hatayı devam ettirmemektir.

Hem lisede hem de üniversitede çocuklara yönelik bölümler okudum. Sonrasında birçok eğitim aldım. Bir gün çocuklarım olursa harika bir anne olacağım diyordum ama olamadım. Çünkü annelik okullarda öğrenilmiyor. Anneliğin tek öğretmeni *EVLAT*... Sana anne olmayı en iyi o öğretiyor. Hataya onunla birlikte düşüyorsun ve onun verdiği tepkiye göre hatanı görüp düzeltiyorsun. Deneme, yanılma yolu ile öğrendim anneliği. Bekâra kadın boşaması kolay diye bir söz var. Ben de o misal *"Ben anne olayım asla telefon vermem, telefonla yemek yedirmem, televizyon izletmem, yanında yatmam, ona asla bağırmam"* diyordum. Ama bu söylediğim her şeyi yaptım. Anladım ki sağlıklı bireyler bunları yapmayınca değil, onu sevip saymayınca yetişmiyor. Çizgi film gibi harika bir olaydan hiç çocuk mahrum edilir mi? (Tabii kararında ve yaşına uygun çizgi filmler)

Sanıyor musunuz ki bizler gibi eğitimci anneler, çocukları ile hiç sorunsuz masallardaki gibi bir hayat sürüyor. Öyle bir dünya da yok, o da yalan. Benim de çok hataya düştüğüm anlar oluyor fakat telafisini hızlı yapıyorum ve bir daha da tekrarlamamaya çalışıyorum.

Ama şuna çok dikkat ettim ve asla taviz vermedim: Onları her şartta koşulsuz sevdim ve bunu sürekli dile getirdim. Asla hakaret etmedim, bir başkası ile kıyaslamadım, fikirlerine saygı duydum, her türlü sorunda konuştum ve *ASLA BİR ÇOCUK OLDUKLARINI UNUTMADIM*...

Bu kitabı yazarken de en büyük ilham kaynağım çocuklarım ve öğrencilerim oldu. Kitapta yaşanan hiçbir olay hayal ürünü değildir. Hepsi benim gerçeklerim, hayatım, yaşadıklarım...

Bu kitapta anlattıklarımla çocuklarınızın tercümanı olduğuma inanıyorum. Onların iç dünyalarında yaşadıkları fakat sizlere anlatamadıkları duygularını, ben onların açısından anlatmaya çalıştım. Bazen de tıkandığınız yerlerde ne yapmanız gerektiğine, hem bir eğitimci hem bir anne olarak olumlu bakış açısı geliştirmenize yardımcı olmak istedim.

Şu an bunları okuduysanız kitabın sonuna geldiniz demektir. Kesinlikle inanıyorum, çocuklarınızın iç dünyasını daha iyi anladınız. Kurduğunuz iletişim bundan sonra çok daha sağlıklı olacaktır. Her şeyi yeniden başlatabilirsiniz ve yeni bir iletişim dili ile hepiniz çok mutlu olabilirsiniz.

İYİLİK HAREKETİNİ BAŞLATIN...

"Sadece Bir Çocuk Değilim"

Sen her ne kadar *"Çocuk o anlamaz"* diye düşünsen de ben sadece bir çocuk değilim, çocuk olmanın çok ötesindeyim.

Duygularım var benim de sizler gibi...

Üzülüyorum, kırılıyorum, kızıyorum, hırslanıyorum, mutlu oluyorum, heyecanlanıyorum, korkuyorum...

Üstelik bu duyguları sizler gibi yaşıyorum.

Beni anlayabilmen için benim gibi düşünmen lazım.

Biri seni kırdığında, üzdüğünde rahatlıkla tepki verebilirsin, kendini ifade edebilirsin veya onu terk edebilirsin.

Ama ben size muhtacım, size olan muhtaçlığımı kullanmayın, belki beden olarak sizi terk edemem ama yürek olarak terk ederim.

Sürekli öfke içinde bırakırsan beni, öfkem zamanla olaylara değil, size dönmeye başlar.

Çocuk o anlamaz, deyip duygularıma önem vermezsen yüreğime zehirli tohumlar ekersin.

Belki bir anda değil ama yıllar içerisinde yüreğime ektiğin zehirli tohumlar benimle birlikte gelişir.

Yüreğime saldığınız tohum, sevgi ile olsun.

Ben sadece çocuk değilim, unutmayın...

Benim de bir birey olduğumu düşünmeye başladığın an, hayat ikimiz için de güzelleşir.

Ben sizden imkânsızı istemiyorum, beni koşulsuz sev, yanımda ol, yüreğime sevgi tohumları ek diyorum.

Benim karşımda kendini bazen çaresiz hissedebilirsin, unutma ben senin duygularının yansımasıyım, bana her baktığında aynaya bakmış olursun.

Dünyaya sadece reflekslerimle geldim.

Bende gördüğün iyi ya da kötü ne varsa siz öğrettiniz.

Bendeki hataları düzeltmeye çalışmadan önce kendindeki hataları görmen lazım.

Sen yüreği sevgi dolu, anlayışlı isen ben bir bulut olurum.

Yağarım toprağa, bereket, mahsul olurum.

Ama sen sabırsız ve şiddet eğilimli isen ben bir yıldırım olurum.

Ne zaman, nereye düşeceğim ve kime zarar vereceğim belli olmaz.

Ben sadece çocuk değilim, bunun çok ötesindeyim.

Çocuklar işlenmemiş çamur gibidir. İyi ustalar elinde harika sanat eserleri ortaya çıkarken acemi ellerde hayal kırıklığı olabilir.